人文武术精品书集

武品

勿使前辈之遗珍失于我手
勿使国术之精神止于我身

清风作伴，明月为家。以笔代耕，眠云卧雪。铁笛无人吹，白云无人扫。冷笑两三声，看穿山秋月。

百家功夫

刘晚苍传

内家功夫与手抄老谱

刘晚苍 刘光鼎 刘培俊 著

北京科学技术出版社

图书在版编目（CIP）数据

刘晚苍传内家功夫与手抄老谱 / 刘晚苍，刘光鼎，刘培俊著 . — 北京：北京科学技术出版社，2019.2

（百家功夫丛书）

ISBN 978-7-5304-9377-9

Ⅰ . ①刘… Ⅱ . ①刘… ②刘… ③刘… Ⅲ . ①太极拳－基本知识 ②八卦掌－基本知识 Ⅳ . ① G852.11 ② G852.16

中国版本图书馆 CIP 数据核字（2017）第 282184 号

刘晚苍传内家功夫与手抄老谱

作　　者：刘晚苍　刘光鼎　刘培俊
策划编辑：胡志华
责任编辑：胡志华
责任校对：贾　荣
责任印制：张　良
封面设计：古涧文化
版式设计：胡志华
出 版 人：曾庆宇
出版发行：北京科学技术出版社
社　　址：北京西直门南大街 16 号
邮政编码：100035
电话传真：0086-10-66135495（总编室）
　　　　　0086-10-66113227（发行部）　0086-10-66161952（发行部传真）
电子信箱：bjkj@bjkjpress.com
网　　址：www.bkydw.cn
经　　销：新华书店
印　　刷：保定市中画美凯印刷有限公司
开　　本：710mm×1000mm　1/16
字　　数：280 千字
印　　张：22
插　　页：4
版　　次：2019 年 2 月第 1 版
印　　次：2019 年 2 月第 1 次印刷
ISBN 978-7-5304-9377-9/G·2718

定　　价：98.00 元

代序

博采众长，圆融精妙

刘光鼎

  刘晚苍，1906 年 6 月 22 日（阴历五月初一）出生于山东蓬莱大辛店东许家沟，1990 年 7 月 5 日逝世于北京。晚苍先生毕生酷爱武术，涉猎极广而尤精于太极拳术，其习练纯正，认识精微，体悟深刻，造诣甚高。他身体力行，德艺双修，数十年寒暑不移，在北京地坛公园传授太极拳架，亲自喂招推手，培养了一大批拳术家，对提升和推广中华太极拳术做出了重要贡献，堪称一代太极大师。

良师益友

  晚苍先生原名刘培松，是我的堂兄，也是我的良师益友。1941 年，我 12 岁时，老家山东蓬莱遭受侵华日军的残酷扫荡，我家破人亡，孤苦无依，只身流浪到了北平。蒙表伯曹伯垣收留，到北新桥竞存中学寄宿读书。这时，交道口恒记米庄就成为我每个星期日必去之处，因为这里有我的三哥刘培松。培松三哥在恒记米庄打工，每次都热情地接待我，一壶茶可以谈笑风生两小时；有时逢上吃饭，还会有一碗面条和一盘猪头肉拌黄瓜，再加上三哥讲的趣闻轶事，每每使我流连忘返。这样，使初到北平的我在孤寂的学习生活中产生了热乎乎的家的感觉。

  我在蓬莱时，曾经跟随大哥刘光斗（刘元化）学过几天拳，照葫芦画瓢般地比画一番，实质上却是一窍不通，什么也不懂。到北平与培松三哥接触后，很快就萌生出学拳的想法。培松三哥同意了，并亲自传授了我谭腿、八卦、太极和七星杆、马眉刀，其中讲解和指点最深的是太极拳术。

应该说，我与晚苍先生交往达半个世纪之久，不仅得到先生亲传拳术技艺，而且在先生诚朴的言谈身教中受到熏陶。不论我在北京大学物理系读书期间，还是后来在国内外进行油气和海洋地质勘探时，凡有机会，我必然要到交道口恒记米庄探望，或者直奔安定门外地坛公园去练拳推手。晚苍先生的和善朴实就像一块强大的磁铁吸引着我。每次在地坛公园西南角的松林中与晚苍先生习练太极推手，我大多沾上即受到发放，像遇上弹簧一样被弹击出去，而晚苍先生则是引进落空合即出，如同弯弓射箭一般。这样的太极推手习练煞是好看，人被打得满场乱飞，可真是切实地加深了对"沾黏连随""不丢不顶""站住中定往开里打"等太极拳术古典理论的体会与认识。休息时，拳友们都围绕晚苍先生而坐，聆听他讲述拳术源流，杨禄躔、董海川等祖师爷们的故事，以及茶馆宋（永祥）、煤马（维琪）等前辈练拳行功的逸闻。这样，在喂招、讲解中改正动作，领会精神，提高技艺，同时又在讲授做人的道理。

"文化大革命"期间，我从繁忙的海洋油气勘探工作中解脱出来，除了蹲"牛棚"、接受批斗之外，大多时间处于闲散状态。于是，我和晚苍先生商量合作写一本《太极拳架与推手》，系统地整理并论述晚苍先生数十年在太极拳术方面的传授、教诲以及个人的心得体会。在得到先生的同意之后，我跑图书馆查阅文献资料，与晚苍先生共同回忆往事，并列出提纲多次讨论。同时还约请晚苍先生去地坛公园，用我在苏联买的费得照相机，拍摄弥足珍贵的太极拳架与推手的照片，尽管我的摄影技术不高，照片质量不佳。随后，我每写完一章，即与先生逐字逐句地认真研讨、修改。全书完成之后，我又与先生通读一遍，做了最后一次修改，该书于1980年由上海人民教育出版社出版，首次印刷42000册，不久即售罄。1983 年再版，印数达 33 万册。2005 年 5 月再次印刷，印数 5000 册。

晚苍先生一生质朴，和平待人，从来没有人前阿谀奉承、背后诋毁褒贬。既不恃技凌人，更不追求名利，实心诚意地传艺、授徒、探讨交流，发

20 世纪 70 年代，刘晚苍与刘光鼎合影于北京地坛
（刘君彦保存，刘源正提供）

扬光大中华武术，实为一代楷模。1990 年 7 月 5 日，晚苍先生以 85 岁高龄溘然与世长辞。我在痛失良师益友的同时，一直惦念着晚苍先生生前的一再嘱托——对《太极拳架与推手》做进一步的修改与补充。但是，今非昔比，由于国家对油气资源的需求迫切，我从事海陆油气勘探工作，于是整天四处奔波，始终没有找到时间来完成先生的嘱托，内心深感愧疚歉然。1989 年，我奉调到中国科学院地球物理研究所工作，次年在参加庐山会议期间，由于在山上练拳而结识软件所许孔时教授。在他的督促和鼓励下，遂在《太极拳架与推手》的基础上，增加了太极拳术的力学基础、生理保健基础，以及太极拳术引论等章节，并重新定名为《太极拳术——理论与实践》。补充的这几章都未能经晚苍先生审阅，也无法请先生署名，是我的遗憾之处。

拳架基础

太极拳术是我国传统文化中的一朵奇葩，也是中国独有的一种技击运动。它在我国悠久历史文化的熏陶下，以太极阴阳学说为理论基础，指导拳架动作和推手应用。长期坚持太极拳术锻炼，可以增强体质，治疗一些慢性疾病，还可以陶冶情操，修养性情。但是，太极拳术毕竟是

一种技击运动，所以对它的阐述，以及对其理论与实践的认识，都必须以技击作为主线，体现太极阴阳学说，使动作准确，姿势适度，趟路连贯，进而在意念的统率下，达到动作和呼吸顺遂协调。为了使盘架子能够逐渐达到圆融精妙的境界，我们特编制了一个歌诀：

太极歌诀

心率气行布四梢，顶灵身端蓄腿腰。

神舒体逸守丹田，虚实变化因意高。

动中寓静静犹动，圆中有直直亦圆。

太极一元多辩证，阴阳两仪不固定。

根据古典拳论，在书中明确提出习练太极拳术的十项要求。

晚苍先生传授的吴式太极拳架有十个来回趟路，108个拳式。但在编写《太极拳架与推手》的过程中，晚苍先生却要求将重复的拳式去掉，集中论述其中39个基本拳式，包括太极起势和合太极。为了强调太极拳架中的技击作用及其中的变换，还特地对这39个基本拳式各编写了一个歌诀，既阐明其作用，又便于诵读和记忆。这对于普及推广太极拳术是有重要意义的。

晚苍先生尊师重道。在《太极拳架与推手》的编写

刘晚苍弯弓射虎拳照，20世纪80年代摄于地坛
（刘君彦保存，刘源正提供）

过程中，他首先要求收集并精选有关太极拳术的古典拳论，并对它们加以简明扼要的说明，以便于理解和推广。遗憾的是，虽然晚苍先生提供了他记忆中的一些拳论，我又在北京图书馆中查阅到一些，但保留在山东蓬莱东许家沟的一些拳论如刘光斗撰写的《太极拳论》（见刘培一、刘培俊著《刘氏传统武术集》），当时就没有了解，也没有去收集。

晚苍先生在传授太极拳架的过程中，始终坚持"入门引路须口授，工夫无息法自修"。他认为，太极拳术有许多流派，即使是一师所传，也会有所不同。大家都是根据太极阴阳学说对传统套路长期不断的修炼中积累起来的认识和体会，必须给予充分的重视和尊重。只要像《太极拳论》所要求的那样，在行功走架中贯彻"贯串"和"用意"，符合原理，就不应该过分挑剔。

拳架是太极拳术的基础，也是技击中的知己功夫，必须长期坚持盘架子。既要深入领会太极拳架都是取法乎自然，在轻、慢、圆、匀、稳的动作中连绵不断，端庄稳重；又要领悟太极阴阳之理，力求用意完整，"周身一家，宛如气球"。严格遵守太极拳术的基本要求，经过长期盘架子锻炼，将使外形完满、协调，空松圆活，而内劲又轻灵流动、圆融精妙。

推手习练

太极拳是一种技击运动，其基础是太极拳架，应用实践的习练则是太极推手，也是知人功夫的训练，因而有"练习太极拳而不练推手，等于不练"的说法。"走架即是打手，打手即是走架"，要求在太极拳行功走架中，处处拟想与敌人打手，无人若有人；而在推手时，则应灵活运用拳架中的技击招法，有人若无人。这样，在太极拳术中走架与推手是学以致用的两个阶段，而且是相辅相成的。因此，只有推手与走架多次循环反复，使之互相紧密结合，才能达到高深的太极拳造诣。

20世纪70年代，刘晚苍与刘光鼎推手
（刘君彦保存，刘源正提供）

晚苍先生在传授太极推手时，首先说明太极推手八法，即四个正方向动作掤、捋、挤、按称为四正；四个斜角动作採、挒、肘、靠称为四隅。四正如拳架中的揽雀尾，四隅如卸步搬拦捶，它们合起来组成太极拳对敌打手的基本方法。其次讲解太极拳术中对敌打手的基本原则（即沾、黏、连、随）和主要禁忌（即顶、匾、丢、抗），然后再反复阐释轻、重、浮、沉的重要性，进而指出这些名词之间的关系，它们既是相互对立，又是相互依存的，必须用辩证观点来对待。正如太极理论所指出的："阴不离阳，阳不离阴，阴阳相济。"因此，在对敌打手中必须用意于贯串，连绵不断，舍己从人，否则势必陷于停顿和僵滞，遭受打击。初学太极推手，对上述20个字虽反复听到讲解，但大多仍是处于似懂非懂的状态，必须经过一段时间的实战练习，在不断的体会中，才能逐步领会和认识。

太极推手有定步与活步之分。晚苍先生经常演习的是定步四正推手，通过推手双方打轮来认识、理解和应用掤、捋、挤、按。应该说明，四正推手便于示范喂招，及时讲解改正，有助于传授和体验太极拳的技法。一般地说，经过相当时间的四正推手习练，逐步加深了对太极拳架的认识和理解，同时也开始对听劲和懂劲有了体会。往往就在这时晚苍先生会讲述一个故事，道出吴式太极拳术的精髓：春节来临，杨禄躔从北京回老家探亲。全佑依依不舍，跟随骡车送行，送了一程又一程。杨老说："回去吧，不要送了。"全佑则坚持再送一程。骡车到了卢沟桥，杨老对徒步扶车送行的全佑先生说："回去好好练，站住中定往开里打。"正是"站住中定往开里打"的指示，经全佑先生融会贯通于拳架和推手之中，才形成后来的吴式太极拳术。

晚苍先生继承吴式太极拳的优良传统，并加以发扬光大，极重要的关键是对"站住中定往开里打"下过深功夫。每次和晚苍先生推手，他腰似弓把，脚手如弓梢，引进落空合即出，正是"站住中定往开里打"，以至动似放箭，上百斤重的汉子立即被弹发出去，既体现出"撒放秘诀"中灵、敛、静、整的太极打手原则，又在沾、黏、连、随中干净利落地深化出一个"脆"字，形成了晚苍先生沉粘古朴、灵潜宏伟的个人风格。

晚苍先生传授太极推手，并非只讲定步四正推手。他也曾讲述过体现採、挒、肘、靠的活步四隅推手，并且指出这是从上步、卸步搬拦捶演化出来的，经过杨式太极拳的阐发，成为杨式大捋，得到广泛流传。应该说明，晚苍先生曾经教过我一种圆形推手，其手法仍是掤、捋、挤、按，而步法却沿圆线变化。这样，脚扣腰拧使身体做大幅度转动，能够膝顶脚踢，肩靠肘打，展现出激烈的攻防运动。

听劲懂劲

作为技击运动，太极拳术要求在盘架子的基础上，经过推手训练，学会听劲，最后达到懂劲。古典拳论明确指出，练太极推手而未能懂劲，则运用毫无是处。因此，要求"由着熟而渐悟懂劲，由懂劲而阶及神明"。懂劲是太极拳术的高级阶段。

太极拳术非常讲究听劲和懂劲。所谓听劲，就是对技击对方进行调查研究。通过沾黏连随来了解对方施加于我的劲力。"彼之力挨我何处，我之意用在何处"，将自己的意念集中于对方劲力施加于我身的着力点上，并努力精确地了解此劲力的大小和方向。所谓懂劲，则是根据听劲所了解到的情况，经过分析和判断，搞清对方的意图，并迅速做出反应，不失时机地将应对决策施于对方。"彼不动，己不动；彼微动，己先动。"这样，晚苍先生依照古典拳论，将人体比作气球，而将听劲和懂劲形象地概括为"你挨我何处，我何处与你说话"。晚苍先生盘架子，早年与晚年有很多不同，明显地反映出先生对太极拳术理解的深化和提升。仔细探索其发展和演化的路径，可以找出两个原因：一是通过盘架子和推手的大量实践融汇力学原理，贯通于太极拳术之中；二是对听劲和懂劲不断深化，达到高深造诣。

一次，晚苍先生在地坛公园做盘架子示范时，我发现他在白鹤亮翅和玉女穿梭中都明显地出现了小臂滚卷的动作。对此先生给出两种解释。首先，先生观察到用圆木垫在笨重物体之下可以轻易地移动此物体；其次，拳论要求"掤起彼身借彼力"，对方施力于我小臂，如我臂顺其力滚卷，则不要多大力量使着力点落空，对方身体势必腾虚，脚跟浮起，而我臂再做反向滚卷，恰好正击中对方。这样，向后的滚卷是顺其力，使着力点落空，而反向滚卷，又是我发放的落点，使对方倾倒。这正是"乱环诀"中所谓"发落点对即成功"，也是听劲与懂劲的结果。应该附带说明的是，白鹤亮翅与玉女穿梭在习练中都必须从小臂到后腰有劲，不得丢匾，顺势滚卷和反向滚卷也都必须以腰为轴，力求完整。

在技击斗争中，首先要将自己安排好，这就要靠平日盘架子的功夫了；其次要通过听劲仔细了解对方情况，明白其真实意图，迅速做出分析、判断，再根据力学原理，从弧线与直线、分力与合力、转动与滚动、杠杆与螺旋等方式选取最有力的作用，破坏对方的平衡。晚苍先生长年在地坛公园演练太极拳术，通过示范、喂招、讲解来说明听劲和懂劲，通过实战来认识技击的全过程，应该说，先生讲解的是拳理、拳法，但处处符合物理学中的力学原理，并能用生活中的实例比喻和加以阐释，体现出先生在长期太极拳术锻炼实践中达到了极高的境界，他无师自通地理解力学原理并将其融汇于太极拳术之中的悟性和功底，令人感到十分惊奇和由衷地敬佩。

深刻怀念

太极拳术继承并发扬中华民族源远流长的文化传统，融会贯通了中国哲学、医学、美学等多种思想智慧，既博大精深，又为广大人民群众所喜爱。太极拳术流传广泛，凡是接触到此拳术的中外人士，大多会产生兴趣，甚至沉湎于太极功夫之中。长期坚持太极拳术锻炼，确实可以达到增强体质、陶冶情操的效果，而太极推手的习练，不仅可以提高攻防技艺，还有无穷趣味，可以深化对拳理的认识。

中国古代哲学中，经常使用"矛盾"这个词。矛是进攻的武器，用以消灭敌人；盾是防御的器械，用以保存自己。兵书上讲求矛盾，实质上是探讨攻防、敌我的斗争。《老子》可以说是我国最早的一部兵书，"历记成败存亡祸福古今之道"；宋·周敦颐的"太极图说"，用"阴阳"作为基本理论，来概括人体及其运动中相互矛盾对立、又相互统一的事物，如动静、虚实、开合、蓄发、呼吸、进退，等等，以认识其变化规律；孙武在春秋战国时就从兵家角度对战争规律和攻防原则进行了总结，并指出"知己知彼，百战不殆""后人发，先人至，此迂直之计也"。孙武认为"先识迂直之计者胜，此军争之法也"。在充分调查研究的基础上，根据情况，因势利导，实现迂直之计是斗争取胜之道。毛泽东在总结敌我强弱的情况下，提出的"敌进我退，敌驻我扰，敌疲我打，敌退我追"进行游击战争的指导思想仍是因势利导。

在当年的敌我斗争中，这些思想原则的高度总结既是积极的防御型战略，同时又是具有战术指导意义的。将它们具体化到太极拳术的技击斗争中，所谓"迂直之计"，就是曲线与直线的转化：人击我时，要使其循曲线而进；我击人时，则要沿直线以对——也就是"引进落空合即出""站住中定往开里打"。由此可见，太极拳术长期在中华文化的熏陶中，融会贯通其精髓于技击运动。因此，要想发展太极拳术，除了坚持锻炼太极拳架与推手之外，还必须广泛而深入地了解中华文化。

刘晚苍先生长期居于北京交道口恒记米庄，安贫乐道，淡泊名利，专心致志于研习太极拳术。他自幼酷爱中华武术，博采谭腿、八卦、形意等众家之所长，深刻领悟太极拳术之精髓，独辟蹊径，达到圆融精妙的境界，并在太极推手上形成"沉粘古朴、灵潜宏伟"的特色。笔者认为，晚苍先生之所以能够达到这样的造诣，和他日常以书画自娱，不断深化对中华文化的理解有关，当然，也和他数十年如一日，坚持锻炼，刻苦钻研，并在北京地坛传授太极拳架、训练太极推手有关。总之，刘晚苍先生奉献于太极拳术，承上启下，继承中华优秀文化传统，精研太极拳术并加以发扬光大，堪称一代太极大师。

代前言

季培刚

　　刘晚苍（1906—1990）所传习的武艺，主要源自其师刘光斗（1912—？）。刘光斗自民国初期开始在京从张玉连习教门谭腿，后从王茂斋习太极功，最终由王茂斋荐与兴石如习宋永祥派八卦功，所传习的内容涵盖内外家，包括十路谭腿、谭腿对练、掩手母子、短打母子、查拳、十路行谭、练手拳、二十四式、六家式、串拳、如意刀、马眉刀、春秋大刀、虎头双钩、燕翅镗、双手带、双橛、太极拳、太极剑、太极刀、华枪、太极推手、宋派八卦掌、八卦推手、八卦转枪、八卦变剑、六合大枪，等等。刘光斗自抗日战争后期不知所终后，刘晚苍在推手方面又多受王茂斋之子、师伯王子英（1902—1967）指点。他学兼内外，慎重吸收众家之长，终成一代大家。

　　关于刘晚苍及其技艺传承的详细情况，有此前所编《三爷刘晚苍——刘晚苍武功传习录》一书可供参考。

　　本书内容，为刘晚苍所传的太极功与宋永祥派八卦功。太极拳部分主要源自刘晚苍、刘石樵（即刘光鼎院士）所著《太极拳架与推手》，实际是刘石樵对刘晚苍所传太极拳的理解与体会。该书后经刘石樵本人重新补充，曾以《太极拳术——理论与实践》为名重新出版。本次再次整理，将现存刘晚苍全套太极拳架照片全部呈现，供读者从中领略刘晚苍太极拳架风貌。这些照片为刘石樵早年拍摄，由刘晚苍之子刘君彦老先生保存，由刘晚苍之孙刘源正老师提供。有的拳架衔接处无刘晚苍拳照，以刘石樵或刘培俊老师拳照代之。另外，为便于了解刘晚苍所传太极拳架趟路情况，由刘培俊老师重新配图并加以完整解说，又由刘晚苍的部分再传弟子拍摄了分段演练视频，方便读者对照图文学习。

宋派八卦功部分为刘培俊老师所编著，是其本人对刘晚苍所传宋派八卦功的理解与体会。刘晚苍生前曾自述其功力主要来自宋派八卦，且其一生对此较为珍视，不轻易授人，因而得其传者少之又少，外界难知大概。由于刘晚苍本人未曾拍摄过全套的八卦掌照片，此次是由刘培俊老师按照刘晚苍所传动作拍照配图，分段视频由刘培俊老师于1999年腊月拍摄的录像剪辑而成，大致可以展示出刘晚苍传宋派八卦功的习练样式。功谱部分收入刘光斗的八卦功著作两篇。

此外，本书还收入了在别处难得一见的手抄老谱。除刘晚苍手抄的《武术集宗》中与太极功、八卦功有关的内容外，署名为刘光斗（亦名刘正刚、刘光魁）的手抄本全部来自于刘培俊老师所存刘培一先生抄本复印件。个中渊源在《三爷刘晚苍——刘晚苍武功传习录》中已有交代，此处不再赘述。

至于让不少人赞誉的刘晚苍推手及散手技击的核心技法要点，读者可以通过刘晚苍传人的著作略见一斑，体会揣摩。由于文字的功能有限，很难将刘晚苍本人的心得体会真实、完整、原原本本地保留下来，尚待相关传习者们继续研究、探讨、整理，并顺随机缘，以各种便利方式呈现出来。

年近九旬的刘石樵对本书的编辑整理非常支持，在前后多年的时间里，尽管他的身体状况已欠佳，仍不厌其烦，对书稿的整理非常关心。抱愧的是，该书未能在他生前面世，让我们无限缅怀。

扫码了解
《三爷刘晚苍》

目　录

上篇

太极拳架与推手

理论

太极拳法

太极拳术是以"太极图说"作为基本理论的。宋·周敦颐作《太极图说》："太极动而生阳，动极而静，静而生阴。静极复动。一动一静，互为其根。分阴分阳，两仪立焉"。说明"太极"的概念中包含阴阳、动静等相互对立的双方，它们既互相依存，又相互转化。

明·王夫之在《大易篇》中指出："一物而两体，其太极之谓与？"他在《思问录外篇》对"太极"所做的解释是：

"绘太极图，无已而绘一圆圈尔，非有匡郭也。如绘珠之与绘环无以异，实则珠环悬殊矣。珠无中边之别，太极虽虚而理气充凝，亦无内外虚实之异。从来说者竟作一圆圈，围二殊五行于中，悖矣。此理气遇方则方，遇圆则圆，或大或小，缊缊变化，初无定质，无已而以圆写之者，取其不滞而已。"

不显于形色的是无极，而成于形色的是太极；在太极中，静里含动，动不舍静。静动即阴阳。"阴阳者，数之可十，推之可百，数之可万；万之大，不可胜数，然其要一也"，因此，用阴阳这两个抽象名词来概括所有相互对立而又相互统一的事物。

我国古代的阴阳学说在中医和击技中都得到应用。阴阳学说可以概括为这样几点：

（一）阴阳之中可以再分阴阳

"阴中有阴，阳中有阳"，就人体来说，"背为阳，腹为阴；脏为阴，腑为阳""背为阳，心为阳中之阳，肺为阳中之阴；腹为阴，肾为阴中之阴，肝为阴中之阳，脾为阴中之至阴"。

（二）阴阳相互依存，又相互联系

"无阴则阳无由生，无阳则阴无由长""孤阳不生，独阴不长"。

（三）阴阳相互为用

"阴在内，阳之守也；阳在外，阴之使也。"

（四）阴阳在一定条件下可以互相转化

"故重阴必阳，重阳必阴""动复为静，阳极反阴。"

（五）阴阳之间的消长是事物发展、变化的根源

"阴胜则阳病，阳胜则阴病""阳强不能密，阴气乃绝。阴平阳秘，精神乃治；阴阳离决，精气乃绝"。

但是，阴阳学说中，还没有明确地认识到物质运动的本身就是矛盾，也没有认识到斗争促使矛盾的转化，从而，对于阴阳双方采取调和的方法，陷入唯心论和形而上学。太极拳术和中医一样，沿袭我国古代的"阴阳"概念，来概括人体生理和运动机制中各种相互矛盾着的对立面，从而有动静、虚实、开合、蓄发、呼吸、进退以及其他许多相互对立而又相互统一、相互制约而又相互斗争的名词作为"阴阳"的内涵，并用它们来阐明"盈缩之期"和"奇易而法"，认识事物的变化规律。这样，在太极拳法中，首先承认事物都是一分为二的，承认矛盾的普遍性："一处自有一处虚实，处处均有一虚实"，认为矛盾是普遍的，绝对的，存在于事物发展的一切过程中，又贯串于一切过程的始终。其次承认矛盾双方相互联系，相互转化，进而要求区分矛盾的性质，并正确处理其间的关系："虚实宜分清楚""谨察阴阳所在""阴不离阳，阳不离阴；阴阳互济，方为懂劲"。但是，如果把阴阳看成是循环往复而否认发展，就不能正确地认识螺旋式的前进；如果处理阴阳之间的矛盾关系仅停留在平衡上而否

认斗争，即不能认识和理解斗争的绝对性和平衡的相对性与暂时性。

古代用矛和盾来进行斗争。矛是进攻的，用以消灭敌人；盾是防御的，用以保存自己。兵家通过矛盾的斗争，对战争进行了总结。我国最早的一部兵书——《老子》，"历记成败存亡祸福古今之道"《（汉书·艺文志）》，从战争的胜败引起国家盛衰兴亡和阶级升沉浮降中，总结了某些军事上的规律，并把具体的用兵之道上升到战略思想的高度，从哲学上作了概括。他在《道德经》中指出矛盾双方的关系："有无相生，难易相成，长短相形，高下相倾，声音相和，前后相随"，并且指出对立面的转化："祸兮福之所倚，福兮祸之所伏"，以及对这种规律的应用："将欲弱之，必固强之；将欲灭之，必固兴之；将与夺之，必固与之"。他的基本观点就是："柔弱胜刚强"。1973年底在长沙马王堆三号汉墓中发现珍贵帛书12万字。《老子》的四篇古佚书中有："以刚为柔者活，以柔为刚者伐（经法）""极而反，盛而衰，天地之道也，人之理也（四度）"，从而主张"审知逆顺""审观事之所起"，具体地去"定祸福死生存亡兴坏之所在（论约）"，促使事物向积极的方面转化。

孙武兵法十三篇是我国著名的兵法著作，概括并总结了战争规律和攻防原则。孙武在《谋攻篇》中指出："知彼知己，百战不殆；不知彼而知己，一胜一负；不知彼，不知己，每战必殆。"明确地阐明在敌我双方的斗争中了解情况的重要性，既要了解对方的情况，又要了解自己的情况，才能正确地制订战争计划，部署兵力，去获取战争的胜利。

孙武还在《军争篇》中指出："军争之难者，以迂为直，以患为利。故迂其途而诱之以利，后人发，先人至，此知迂直之计者也。""善用兵者，避其锐气，击其惰归，此治气者也。以治待乱，以静待哗，此治心者也。以近待远，以逸待劳，以饱待饥，此治力者也。无邀正正之旗，勿击堂堂之阵，此治变者也。"辩证地论述了在敌我双方的斗争中，将迂（弧线）变为直（直线），化不利为有利以争取主动的原则，并具体地阐述消灭我之弱点，以转向有利，同时暴露敌之弱点，使其转向不利。

后来，大量的斗争实践，运用、补充并发展了这些基本原则，使用兵之道达到了高度的成就，并帮助太极拳法制订出积极防御的战略思想和对具体情况做具体分析与对待、因势利导的战术方针。正是在这种太极拳法的指导下，太极拳术在击技运动中，才能以柔克刚，以静待动，以简御繁，以逸待劳，以小制大，最后克敌制胜。

唯物辩证法认为：事物发展的根本原因，不是在事物的外部，而是在事物的内部，在于事物内部的矛盾性。太极拳术作为保健和击技运动，首先要求正确处理人体内部的矛盾关系。

在保健运动中，将人体看成一个矛盾统一的整体，也将人体和其所在的周围环境看成一个相互影响、相互关联的整体。人体中脏腑、经络、气血之间具有相互联结、相互依赖、相互制约又相互斗争的关系，而在心（大脑皮层和中枢神经系统）的统率与协调下，既分工，又合作，共同完成各种生理活动。因此，太极拳术将大脑皮层和中枢神经系统在人体内部置于矛盾的主导地位，关系到人体内外的各个部分，所以要求"虚领顶劲""尾闾中正神贯顶"，突出头顶和脊骨，作为重点锻炼的内容，强调"用意"，要"先在心，后在身""以心行气""以气运身"。在中枢神经的主导之下，使呼吸与动作紧密结合，以按摩脏腑，促进血液循环，增进肠胃消化能力，并改善人体的新陈代谢；同时在肢体的平衡运动中使骨骼和肌肉都得到锻炼。因此，可以将太极拳运动看成是运行气血、畅通经络、锻炼脏腑、活动肌肉筋骨，促进人体内部斗争发展，使人体内外达到"阴平阳秘"的保健运动。正是由于人体内阴阳双方处于不断的斗争和消长之中，生命才得以维持和继续。但是，人体的阴阳双方都互往自己的反面转化，一旦其平衡遭到破坏，就产生疾病。因此，中医治疗疾病的原则是"扶正祛邪""调其阴阳，不足则补，有余则泻"，达到"阴平阳秘，其人乃治"。为了保持身体健康，应积极地促进体内阴阳双方斗争的发展、新陈代谢，破坏旧的平衡而达到新的平衡。这样，每天坚持太极拳运动就是完全必要的了。

在击技运动中，太极拳法重视盘架子，称为知己工夫。盘架子要求将身体看成一个整体，比作气球，必须上下相随，圆满完整，"周身练成一家"。在运动中，要求先有意动，将意识放在领先的地位，再使呼吸和动作紧密结合，完整贯串，连绵不断。在身体的运动中，矛盾的主要方面在腰，要使腰为主轴。因此，"心为令，气为旗，腰为纛"。然后，正确处理动静之间的关系："一动无有不动"，动中有静，"一静无有不静"，静中有动；圆直关系：圆中有直，随时能从圆弧化为直线，直中有圆，直线运动而富含圆弧意味。同样，太极拳法也重视推手，称为知人工夫。推手要求将自己和对方作为一个整体看待，通过掤、捋、挤、按、采、挒、肘、靠，使自己的动作沾黏连随，不丢不顶，跟随对方的动作，用意识去掌握其运动和呼吸的变化规律，在恰当的时机，利用"引进落空合即出"或分力合力的作用，保持自己的平衡，破坏对方的平衡。只有做到知己知彼，才能够百战不殆。

无论是保健，还是击技，都是矛盾双方的斗争，身体的疾病和击技的失败，关键都在于自身内部的矛盾没有得到恰当的解决，从而稍受外界作用，自身便不能适应，以致产生疾病或失败。由此可见，太极拳法的要求，也就是要在长期的锻炼中，努力解决自身内部所存在的矛盾问题，使柔中寓刚，阴阳相济。

但是，事物内部矛盾着的双方，都要在一定的条件下，向着自己的反面发展，向着自己的对立面所处的地位转化。从而，有大小、强弱、生死、胜败等质变或飞跃出现。任何质变或飞跃都是通过斗争才能出现的。人体生命的生死是突变，也是质变。而组成人体的细胞每时每刻都在新陈代谢，除旧布新，即旧细胞不断地死亡，新细胞不断地生长，以致不断地发生量变的过程。但是，量变中包含有部分质变，质变中也包含有部分的量变；只有在大量量变的基础上，才能形成质变。量变转化为质变，生转化为死，起始转化为终结，自己转化为自己的反面。因此，有生无死是虚妄或幻想，既不符合客观实际，也不符合科学规律。但是，在此总规律之下，左右其条件，使事物发展的进程加速或延缓，却是可能的。这样，通过长期不懈的锻炼，改善身体素质，可以提高工作效率、增长寿命。

敌我双方的斗争，力量的强弱是基本问题。但强可以转化为弱，弱又可以转化为强，从而，强者未必一定能操胜券，弱者未必一定就要败北。胜败固然有其强弱的基础，同时也有其转化的条件。这是在对立面斗争中不得不考虑的一个重要方面。太极拳法之所以不强调身体的强弱，不强调力量的大小，关键就在于它的训练是掌握此转化的条件，从而达到以小制大、以柔克刚、以弱胜强。

为了能充分地掌握矛盾斗争中的转化条件，必须对事物发展的过程及其中许多个矛盾方面做认真的具体的分析。在太极拳术中，具体分析主要体现在太极推手的听劲和懂劲上。推手时，从双方搭手进行打轮起，就进入听劲和懂劲的过程中，必须对对方的劲力做具体的分析，才能找出敌我条件转化的形势和时机。

具体分析矛盾时，首先要抓住许多个矛盾中居于支配地位、起主导作用的主要矛盾，否则不论采取什么方法或措施来解决矛盾，都将一无是处。其次，要认真识别这个主要矛盾的性质，并针对其特点采取相应的解决方法。不同质的矛盾，必须用不同质的方法去解决。只要主要矛盾得到解决，其他次要的矛盾也就都迎刃而解。太极拳法指出"主宰于腰""命意源头在腰际"，就是说太极推手时，人体的主要矛盾大多集中在腰部，腰部必须保持前进、后退、左旋、右转的高度灵活性，受力即能做出条件反射，用腰部的变动来带动手、腕、臂、肘、膊、肩、胸、背的运动，以及时处理对方进击时所造成的矛盾，并使对方身体腾虚，给我发放创造条件。

因此，我们必须学会全面地看问题，不但要看到事物的正面，也要看到它的反面。在一定的条件下，坏的东西可以引出好的结果，好的东西也可以引出坏的结果。强大的反面是虚弱。打手时如果只看到身强力大，而忽视了条件的转化，则将走向它的反面，造成失败。斗争的主动权不是固有的、不变的，而是产生于认真地进行听劲和懂劲之中，虚心地体察情况，恰当地做出判断，正确地采取措施，即使弱小，也能获取斗争的主动。

太极拳法承认矛盾的普遍存在，同时也承认矛盾双方斗争的绝对性。因此，平衡只是暂时的、相对的，可以破坏的，我们只能不断地取得平衡，而不能永远保持平衡。太极拳对于保健和击技的作用，都应以此为根据。

在击技中，拳法是研究和总结斗争规律的。认识、掌握和运用拳法来指导斗争，对于保证斗争的胜利，保持身体平衡，有极为重要的作用。战争也是一种斗争，研究并总结战争规律的兵法和拳法有许多相通之处，拳法必须用来作为借鉴。太极拳在其形成和发展过程中，受到我国古代军事科学的培育，研究了攻守、进退、动静以及其他许多对立面相互转化的规律，并用以促进事物转化，胜利地指导击技斗争。敌我双方的斗争，力量的强弱是基本的问题，但是，强弱是可以互相转化的。胜败固然有其强弱的基础，同时也不能忽视其转化的条件。因强大而骄傲，造成失败的事例是很多的。因弱小而丧失斗争的勇气，解除精神武装，也是错误的。在战略上要藐视敌人，建立起胜利的信心，勇于斗争，敢于胜利；在战术上要重视敌人，采取具体的分析态度，认真对待。

太极拳法首先要考虑的就是斗争的战略问题，其次才是战术问题。无论是战略，还是战术，其中都含有丰富的唯物辩证法内容。

太极拳法主要是总结击技中以小取大、以弱胜强、以柔克刚的规律，因此，必然采取战略防御的原则，保存自己的实力，待机破敌。

因此，战略退却实际上是和战略反攻联系在一起的，其间的关系是后发制人的战略防御原则。

战略防御中，先退让一步，并不是懦弱的表现，相反，是在保存自己力量的基础上，调动敌人，摸清敌人的情况，寻找出有利的形势和时机，促使事物向有利于自己的方面转化，获取胜利。这里有在客观物质的基础上充分发挥主观能动性的问题，而这个问题的解决，则必须进行充分的调查研究，具体分析其特点，并采取不同的方法去解决不同性质的矛盾。

战略防御也就是孙武兵法中所谓"后人发，先人至，此知迂直之计者也"。孙武认为："先识迂直之计者胜，此军争之法也。"所谓"迂直之计"，直接的意思是曲线和直线的转化。或者，人击我时，要使其循曲线而进；我击人时，一定要沿直线向人，以实现"后人发，先人至"的要求。在太极拳术中，迂直之计既是战略原则，又是战术原则。因此，太极拳法要求舍己从人，用沾、黏、连、随使掌、腕、肘、肩、胸、腰、胯、膝在运动中做各种圆形迹线的变化，而圆弧又随时随地能化为直线。

但是，作为战略防御原则的迂直之计，在太极拳法中还具体化为"引进落空合即出"。所谓引进，就是诱敌深入。引进的结果，必须要求使敌人落空。所谓落空，就是敌人不能达到他所追求的目的。敌人要使我身体受力的作用而破坏我的平衡，我则因势利导，使身体松柔而不受其劲力的作用，不为敌人创造发放的条件，"避其锐气"。对方由于一击不中，劲力落空，其形势和条件就开始发生转化，由盈转竭，身体腾虚，平衡进入不稳定状态。此时，即彼竭我盈之时，是我开始反攻最有利的时机，应全力以赴，取直线进行发放，完成"合即出"的动作，"击其惰归"。恰当地选择战略反攻的时机，必须等待客观条件的成熟，而不能单凭主观愿望。

这里，"引进落空"包含着"用意"和"贯串"两个方面。首先要用意去进行调查研究，充分掌握对方的动作虚实和运动规律，才能诱引敌进，而在对方进攻当中，更必须及时了解情况，才能恰当地抓住有利于我反攻的客观条件，得机得势。在此过程中，太极拳法要求运用沾黏连随，因人所动，贯串不停。其次要用意去促进条件的转化，并在贯串中完成条件的转化。对方进攻而将劲力作用于我身体的某一处时，我必须全神贯注于该处，用意去识别此劲力的大小和方向，"秤彼劲之大小，分厘不错；权彼来之长短，毫发无差"。在情况确切无误时，通常采取两种具体的战术措施，使敌人的劲力落空：（1）转动或滚动，（2）分力与合力。转动主要指腰部的左旋右转，滚动则指腕、臂、肘、膊的翻卷，都是使对方劲力的着力点发生变化、劲力失去作用。分力是减小对方劲力对我的作用，合力是对方身体受到更大的劲力作用，都是不改变对方劲力的着力点而改变其方向。这两种方法都是在"不丢不顶"的战术原则下，造成敌人落空的有效措施。反攻的准备和实现，也必须贯彻用意和贯串的要求。敌方劲力落空是敌竭我盈，最有利于我反攻的时机，必须集中全身劲力去实现反攻。但是，如果在这时才去做反攻的准备，就不能利用时机去反攻。因此，必须"引到身前劲始蓄"，恰当地掌握反攻的准备时机。这既须在动作变化中进行，又必须有意识地进行，所以，必须懂得并贯彻"迂直之计"。既然"引进落空合即出"要用意和贯串，并符合不丢不顶，即因人所动、随曲就伸的要求，而又能转化敌人进攻，将圆弧化为直线，进行反攻，实际上也就是因势利导，或称柔中寓刚。

敌进我退，敌驻我扰，敌疲我打，敌退我追，是因势利导在敌强我弱的具体斗争情况下的指导原则。"诱敌深入"是"敌进我退"的另一种说法，也是因势利导。因此，因势利导是处理斗争运动的高度概括的战略防御原则。太极拳法对于打手所要求贯彻的，也正是这项原则。

太极拳术中，掌运八方，足行五步，通过掤、捋、挤、按、采、挒、肘、靠，以及拳架中击人、拿人和发人的种种方法，可以表出多种多样的击技形态，但是，都必须贯彻"柔中寓刚""因势利导"的战略原则，才能保证击技的胜利。对待各式各样的进攻，都必须建立起全局观点，贯彻此战略原则，在实践中切实地进行听劲和懂劲，达到知己知彼，并正确地对待矛盾，促进转化。这正是"运用之妙，存乎一心"，必须去认真思考的。大约正是这种原因，太极推手才具有浓厚的趣味，引人入胜。

太极经典拳论解说

有关太极拳术的经典文献，大都是太极拳家实践的概括与总结。现将其中流传比较广泛的一部分摘录并略加说明如下。

（一）太极十三势

太极拳，亦名长拳。长拳者，如长江大河，滔滔不绝也。十三势者，掤、捋、挤、按、採、挒、肘、靠，此八卦也；进步、退步、左顾、右盼、中定，此五行也。掤、捋、挤、按，即坎、离、震、兑，四方也；採、挒、肘、靠，即乾、坤、艮、巽，四斜角也；进、退、顾、盼、定，即金、木、水、火、土也。合而言之，曰十三势。

"太极十三势"对于太极拳的特征做了描述：首先指出太极拳在形象上要"如长江大河，滔滔不绝"，它不同于单式的习练，而必须逐式贯串；其次指出太极拳"掌运八方，足行五步"，其中手法有四正（四个正方位），即掤、捋、挤、按，有四隅（四个斜方位），即採、挒、肘、靠，步法有进、退、顾、盼、定之分。要求在太极拳走架和推手时，认真地体会和掌握。

（二）周身大用歌

一要心灵与意静，自然无处不轻灵。
二要遍体气流行，一定继续不能停。
三要猴头永不抛，问尽天下众英豪。
如询大用缘何得，表里粗精无不到。

"周身大用歌"明确地指出体用太极拳时，要求思想集中、呼吸顺遂和头顶中正有如悬空的重要。同时指出，获得太极拳术的造诣和获得健康，则必须在意识的引导下，使动作与呼吸协调配合。呼吸要深、缓、细、长，而动作应轻灵无滞，保持顶头悬，并始终用意使身体内外和大小部位都得到锻炼。

（三）十六关要诀

活泼于腰，灵机于顶，神通于背，流行于气，行之于腿，蹬之于足，运之于掌，通之于指，敛之于髓，达之于神，凝之于耳，息之于鼻，呼之于口，纵之于膝，浑灵于身，全身发之于毛。

"十六关要诀"全面地阐释了练习太极拳时，全身各个器官与关节的功能特征，并强调在意念、呼吸、劲力和动作上的全身锻炼，具体地说明"表里粗精"的基本要求。

（四）太极拳论

一举动，周身俱要轻灵，尤须贯串。气宜鼓荡，神宜内敛。勿使有缺陷处，勿使有凸凹处，勿使有断续处。其根在脚，发于腿，主宰于腰，形于手指。由脚而腿而腰，总须完整一气，向前退后，乃得机得势。有不得机得势处，身便散乱，其病必于腰腿求之。上下前后左右皆然，凡此皆是意，不在外面。

有上即有下，有前即有后，有左即有右，如意要向上，即寓下意，若将物掀起，而加以挫之之意，斯其根自断，乃坏之速而无疑。虚实宜分清楚，一处自有一处虚实，处处均有一虚实。周身节节贯串，无令丝毫间断耳。

"太极拳论"分上下两段。上段主要讲体，下段主要讲用。体中讲气、讲神，要求全身圆满、完整，并指出"主宰于腰"，关键在于腰腿。用中讲虚实关系，举上下为例，具体说明其应用，意味着前后、左右也都类似，无须赘述。但是无论是体还是用，都必须在"贯串"和"用意"两处下深刻功夫：时时用意，处处贯串；拳架如此，打手也如此。因此，将"贯串"和"用意"体现于通篇，作为重点。

（五）太极拳经

太极者，无极而生，动静之机，阴阳之母也。动之则分，静之则合。无过不及，随曲就伸。人刚我柔谓之走，我顺人背谓之黏。动急则急应，动缓则缓随，虽变化万端，而理为一贯。

由着熟而渐悟懂劲，由懂劲而阶及神明。然非用力之久，不能豁然贯通焉。

虚领顶劲，气沉丹田。不偏不倚，忽隐忽现。左重则左虚，右重则右杳。仰之则弥高，俯之则弥深。进之则愈长，退之则愈促。一羽不能加，蝇虫不能落。人不知我，我独知人。英雄所向无敌，盖皆由此而及也。

斯技旁门甚多，虽势有区别，概不外乎壮欺弱，慢让快耳。有力打无力，手慢让手快。此是先天自然之能，非关学力而有所为也。察四两拨千斤之句，显非力胜，观耄耋能御众之形，快何能为？

立如平准，活似车轮。偏沉则随，双重则滞。每见数年纯功，不能运化者，率皆自为人制，双重之病未悟耳。欲避此病，须知阴阳。黏即是走，走即是黏。阴不离阳，阳不离阴，阴阳互济，方为懂劲。懂劲后，愈练愈精。默识揣摩，渐至随心所欲。

本是舍己从人，多误舍近求远。所谓差之毫厘，谬之千里，学者不可不详辨焉。是为论。

"太极拳经"同时讲体和用，既讲理论，又讲实践，浑然一体。理论的根据是太极阴阳学说，实践的经验是制化黏走关系。行动走架必须上领顶劲，下守重心，中正安舒，支撑八面；敌我打手则应立如平准，活似车轮，随机应变，因势利导。化敌为走，制敌为黏，化即是制，黏即是走。阴阳双方相互联系，又相互制约，相互依存，又相互为用。因此，在运动中须"谨察阴阳所在而调之，以平为期"，使阴阳互济。反之，或偏沉则随，或双重而滞，阴阳相乖，则病败自生。由此可见，太极拳术的高妙，不在于力大手快，而在乎善于运用迂直之计，使人不知我，我独知人，从而有四两拨千斤之巧。

"拳经"重视对太极拳术的学习，指出学习的途径是由走架而达到着熟，由推手而获得懂劲。如要懂劲，则必须精于钻研太极阴阳的理论，勤于练习制化黏走之实践。没有长期的功力，不能使理论与实践豁然贯通。没有懂劲后的习练与揣摩，就不能运用自如，从必然王国达到自由王国。

（六）十三势歌

十三总势莫轻视，命意源头在腰际。

变换虚实须留意，气遍身躯不稍滞。

静中触动动犹静，因敌变化示神奇。

势势存心揆用意，得来不觉费功夫。

刻刻留心在腰间，腹内松净气腾然。

尾闾中正神贯顶，满身轻利顶头悬。

仔细留心向推求，屈伸开合任自由。

入门引路须口授，功夫无息法自修。

若言体用何为准，意气君（均）来骨肉臣（沉）。

想推用意终何在，益寿延年不老春。

歌兮歌兮百四十，字字真切义无遗。

若不向此推求去，枉费心机贻叹惜。

"十三势歌"用一百四十个字的歌诀形式，概述了太极拳术中的几个基本问题，言简意赅。然后提出太极拳的目的是"益寿延年不老春"；太极拳的体用标准是"意气君（均）来骨肉臣（沉）"。由于是歌诀，所以采用双关语：君、臣既有主、次的意思，又与均、沉谐音。歌中反复强调"用意"，要求"势势存心揆用意""变换虚实须留意"，而对于"屈伸开合任自由"，也必须"仔细留心向推求"；同时指出意念和动作的关键在"腰"，"命意源头在腰际"，所以必须"刻刻留心在腰间"。太极拳术对于呼吸的要求是"气遍身躯不稍滞"，但必须保持"腹内松净气腾然"。此外，"十三势歌"还指出，太极拳架必须保持身法中正，虚领顶劲，才能获得轻灵，"尾闾中正神贯顶，满身轻利顶头悬"；而在太极推手中，应是"静中触动动犹静，屈伸开合任自由""因敌变化示神奇"，即随机应变，因势利导。

"十三势歌"从一元论的角度出发，阐述了动和静、拳架和推手、击技和保健的关系，要求在意识的主导下，呼吸行气遍及全身，而全身的运动关键在腰。

（七）十三势行功心解

以心行气，务令沉着，乃能收敛入骨。以气运身，务令顺遂，乃能便利从心。精神能提得起，则无迟重之虞，所谓顶头悬也。意气须换得灵，乃有圆活之趣，所谓变动虚实也。发劲须沉着松净，专注一方。立身须中正安舒，支撑八面。行气如九曲珠，无微不到（气遍身躯之谓）。运动如百炼钢，何坚不摧！形如搏兔之鹄，神如捕鼠之猫。静如山岳，动似江河。蓄劲如开弓，发劲似放箭。曲中求直，蓄而后发。力由脊发，步随身换。收即是放，断而复连。往复须有摺叠，进退须有转换。极柔软，然后极坚刚。能呼吸，然后能灵活。气以直养而无害，劲以曲蓄而有余。心为令，气为旗，腰为纛。先求开展，后求紧凑，乃可臻于缜密矣。

先在心，后在身。腹松净，气敛入骨。神舒体静，刻刻在心。切记一动无有不动，一静无有不静。牵动往来气贴背，敛入脊骨。内固精神，外示安逸。迈步如猫行，运动如抽丝。全身意在精神，不在气，在气则滞。有气者无力，无气者纯刚。气若车轮，腰如车轴。

"十三势行功心解"是对"十三势歌"的具体解释，更有所阐发。其中第一段讲走架，第二段讲推手。

走架时，要求"以心行气""心为令""以气运身""气为旗"；任何动作的关键都在腰，"腰为纛"。用兵阵中令、旗、纛的地位来说明意识、呼吸和腰部动作的作用与关系。此外，用八种形象的概念来说明走架：（1）太极拳运动要如"搏兔之鹄"，盘旋不已；（2）动作时神态要如"捕鼠之猫"，精神贯注；（3）定式时要"静如山岳""中正安舒，支撑八面"；（4）行进时要"动似江河"，连绵不断，浑然一体；（5）行气要"如九曲珠"，深缓沉着，收敛入骨，布达四梢；（6）身体要"如百炼钢"，扎实沉重，完整圆满，毫无缺欠；（7）"蓄劲如开弓"，曲缩圆活，腰如弓把；（8）"发劲似放箭"，松净沉着，直奔鹄的。其间关系是动中有静，"曲中求直""蓄而后发"。因此，要以意识为统帅，使运动与呼吸结合起来，从而，练习走架时，应"先求开展""后求紧凑"。

推手时，要"内固精神，外示安逸""神舒体静"。同时用四种形象的表述来说明推手：（1）运动要如"抽丝"，劲力匀长，连绵不断；（2）步伐变化要如"猫行"，从容轻灵而又柔韧；（3）腰部是关键，要如"车轴"，左旋右转，润滑无滞；（4）行气有如"车轴"，轮转不息，深缓细长，"敛入脊骨"。但是，动作必须受意识（心）的支配，而不是受呼吸的支配。呼吸行气要紧密配合意识，"无气者纯刚"。动作不能决定于呼吸，否则，"在气则滞""有气者无力"。

（八）五字诀

一曰心静。心不静则不专。一举手，前后左右，全无定向，故要心静。起动举止未能由己，要悉心体认，随人所动，随曲就伸，不丢不顶，勿自伸缩。彼有力，我亦有力，我力在先。彼无力，我亦无力，我意仍在先。要刻刻留心，挨何处，心要用在何处，须向不丢不顶中讨消息。从此做去，一年半载便能施于身。此全是用意，不是用劲。久之，则人为我制，我不为人制矣。

二曰身灵。身滞则进退不能自如，故要身灵。举手不可有呆象，彼之力方挨我皮毛，我之意已入彼骨里。两手支撑，一气贯串。左重则左虚，而右已去；右重则右虚，而左已去。气如车轮，周身俱要相随。有不相随处，身便散乱，便不得力，其病于腰腿求之。先以心使身，从人不从己。后能从心，由己仍是从人。由己则滞，从人则活。能从人，手上便有分寸。秤彼劲之大小，分厘不错；权彼来之长短，毫发无差。前进后退，处处恰合，工弥久而技弥精矣。

三曰气敛。气势散漫，便无含蓄，易散乱。务使气敛入脊骨，呼吸通灵，周身罔间。吸为合为蓄，呼为开为发。盖吸则自然提得起，亦拿得人起，呼则自然沉得下，亦放得人出。此是以意运气，非以力使气也。

四曰劲整。一身之劲，练成一家。分清虚实，发劲要有根源。劲起于脚跟，主于腰间，形于手指，发于脊背。又要提起全付精神，于彼劲将出未发之际，我劲已接入彼劲，恰好不后不先。如皮燃火，如泉涌出，前进后退，丝毫不乱。曲中求直，蓄而后发，方能随手奏效，此谓借力打人，四两拨千斤也。

五曰神聚。上四者俱备，总归神聚。神聚则一气鼓铸，炼气归神，气势腾挪，全神贯注，开合有致，虚实清楚，左虚则右实，右虚则左实。虚非全然无力，气势要有腾挪；实非全然占煞，精神要贯注。紧要全在胸中腰间运化，不在外面。力从人借，气由脊发。胡能气由脊发？气向下沉，由两肩收于脊骨，注于腰间，此气之由上而下也，谓之合。由腰形于脊骨，布于两膊，施于手指，此气之由下而上也，谓之开。合便是收，开即是放。懂得开合，便知阴阳。到此地位，功用一日，技精一日，渐至从心所欲，罔不如意矣。

"五字诀"将太极拳法归结为心静、身灵、气敛、劲整和神聚五项要求，而用神聚概括前四者。心静则一静无有不静，将意念集中于受作用处，既不丢，也不顶，摸清虚实，因势利导。身灵必须使动作与呼吸紧密协调，一动无有不动，其关键在腰腿，是知己功夫；而灵的标准在于从人，"秤彼劲之大小，分厘不错；权彼来之长短，毫发无差"，是知彼功夫。气敛是以意运气，敛于丹田，发至四梢；其与动作的关系是"吸为合为蓄，呼为开为发"。劲整要求力起于脚跟，主宰于腰，发于脊背，形于手指，周身完整圆满，说有即有，说无即无。神聚则是身体、呼吸、劲力在意识的统帅下，能够开合有致，虚实清楚；合便是收，也是阴，开即是放，也是阳；阴不离阳，阳不离阴，阴阳相济，使实践与理论紧密联系起来，从而进入太极拳术的高级阶段。以上几点，是对于行功走架的要求，也是对推手击技的要求。

（九）太极拳的走架打手

太极拳不在样式而在气势，不在外面而在内。平日行功走架，须研究揣摩空松圆活之道，要神气鼓荡，全身好似气球，气势贵腾挪，身体有如悬空。两手无论高低曲伸，一前一后，一左一右，皆能灵活自如。两腿不论前进后退，左右旋转，虚实变换，无不随意所欲。日久功深，有不知手之舞之，足之蹈之之境。明白原理，练熟身法，善于用意，巧于运气，到此地步，一举一动，皆能合度，无所谓不对。

习太极拳者，必先求尾闾正中。正中者，脊骨根对脸之中间也。迈左步，左胯微向左上抽，用右胯托起左胯；迈右步，右胯微向右上抽，用左胯托起右胯，则尾闾自然正中；能正中，则能八面支撑；能八面支撑，则能旋转自如，无不得力。次则步法虚实分清。虚非全然无力，内中要有腾挪，即预动之势也。实非全然占煞，内中要贯注精神，即上提之意也。切记两足在前弓后蹬时，不要全然占煞，应该分清一虚一实，否则即成双重之病。两肩需要松开，不用丝毫之力，用力则不能舍己从人，引进落空。沉肘即肘尖常向下沉之意。前膊和两股注意内中要有腾挪之势；无腾挪则不灵活，不灵活则无圆活之趣。又须护臀。臀不护则竖尾无力，便一身无主宰矣。又须养气。气以直养而无害，即沉于丹田，涵养无伤之谓也。又须蓄劲。劲以曲蓄而有余，并须蓄敛于脊骨之内。吸为合为蓄，呼为开为发。盖吸则自然提得起，亦拿得人起；呼则自然沉得下，亦放得人出。此是以意运气，非以力使气，是即太极拳呼吸之道也（此中所说"呼吸"，专指太极拳的开合、蓄发而言，与吾人平常呼吸不同）。

太极拳之为技也，极精微巧妙，非恃力大手快也。夫力大手快者，先天自然赋有，又何须学焉。是故欲学斯技者，宜先从含胸、拔背、裹裆、护臀、提顶、吊裆、松肩、沉肘、虚实分清求之。这些对了，再求敛气。气敛脊骨，注于腰间。然后再求腾挪。腾挪者，即精气神也，精气神贯注于两脚、两腿、两手、两膊前节之间。彼挨我何处，我注意何处。周身无一寸无精气神，无一寸非太极。而后再求进退旋转之法。旋转枢纽在于腰隙。能旋转自如，丝毫不乱，再求动静之术。静则无，无中生有，即有意也。意无定向，要八面支撑。单练之时，每一势分四字，即起、承、开、合。一字一问能否八面支撑，不能八面支撑，即速揣摩之。如二人打手，我意在先，彼手快不如我意先。彼力大不如我气敛。彼以巨力打来，我以意去接，微挨皮毛不让打着，借其力，趁其势，四面八方何处顺，即向何处打之。切记不可用力，不可尚气，不可顶，不可丢。须要从人，仍是由己。得机得势，方能随手而奏效。动亦是意。步动而身法不乱，手动而气势不散。单练之时，每一动要问能否由动中向八面转换？不能八面转换，即速揣摩之。如二人打手，我欲去彼，先将周身安排好，意仍在先。对定彼之重点，笔直去之；我之意方挨彼皮毛，如能应手，一呼即出；如彼之力顶来，不让其力发出，我之意仍借彼力，不丢不顶，顺其力而打之；此即借力打人，四两拨千斤之妙也。此全是以意运气，非以力使气也。能以意打人，久之则意亦不用，身法无所不合。到此境界，已臻圆融精妙之境。说有即有，说无即无，一举一动，无不从心所欲，真不知手之舞之，足之蹈之矣。

习太极拳者，须悟太极之理。欲知太极之理，于行功时，先要提起全副精神，外示安逸，内固精神，气势腾挪，腹内鼓荡。太极即是周身，周身即是太极。如同气球，前进不凸，后退不凹，左转不缺，右转不陷，变化万端，绝无断续，一气呵成，无外无内，形神皆忘，乃能进于精微矣。

在打手时，我意须要在先。彼之力挨我何处，我之意用在何处。彼之力方挨我皮毛，我之意已入彼骨里；以己之意接彼之力，非以己之力顶撞彼之力；恰好不先不后，我之意与彼之力相合。左重则左虚，右重则右杳，仰之则弥高，俯之则弥深，进之则愈长，退之则愈促。一羽不能加，蝇虫不能落，人不知我，我独知人。所谓沾连黏随，不丢不顶者是也。

习太极拳者，须悟阴阳相济之义。动之则分，静之则合。分者，开大也。合者，缩小也。其中皆由阴阳两气开合转换，互相呼应，始终不离也。开是大，非顶撞也；缩是小，非躲闪也。一动无有不动，一静无有不静。动者，气转也；静者，有预动之势也。所谓视静犹动，视动犹静。气如车轮，腰如车轴。非两手乱动，身体乱挪。紧要全在蓄劲。蓄劲如张弓，发劲似放箭，无蓄劲，则无发箭之力。发劲要上下相随，劲起于脚根，注于腰间，形于手指。由脚而腿而腰，总须完整一气。腰如弓把，脚手如弓梢。内中要有弹性，方有发箭之力也。自己安排好，彼一挨我皮毛，我意接定彼劲。挨皮毛，即是不丢不顶；用意去接，即是顺遂之势。能顺遂，则能借力；能借力，则能打人。此所谓借力打人，四两拨千斤是也。到此地步，手上便有分寸，能秤彼劲之大小，能权彼来之长短，毫发无差；前进后退，左顾右盼，处处恰合，所谓"知己知彼，百战百胜"也。平日走架打手，须要从此做去。走架即是打手，打手即是走架，此皆一理。走架每一势要分四字，即起、承、开、合是也。一字一问对不对，稍有不对，即速改换。差之毫厘，失之千里。能领悟此意，行住坐卧皆是太极，学者不可不详辨焉。

平日走架行功时，必须以意将气下沉，送于丹田（以意非以力，非努气，非用呼吸），存养含蓄，不使上浮，腹内松净，气势腾然。依此法练习，日久自能敛气入骨（脊骨）。然后用意将脊骨之气由尾闾从丹田往上翻之。达此境界，就能以意运气，遍及全身。彼挨我何处，我意即到何处，气亦从之而出，如响斯应，疾如电掣。周身无一处不是如此。此即所谓"行气如九曲珠，无微不到；运动如百炼钢，何坚不摧"，亦即"意到气即到"也。又丹田之气，须直养无害，才能如长江大河之水，取之不尽，用之不竭。迨至功夫纯熟，炼成周身一家，宛如气球一样，左重则左虚，右重则右杳，物来顺应，无不恰合。凡此皆是"以意运气"，非"以力使气""在内不在外"，亦即"尚气者无力，善气者纯刚"是也。

"太极拳的走架打手"用明晰的文字阐述了平时进行太极拳走架锻炼和推手中的基本问题：要求"明白原理，练熟身法，善于用意，巧于运气"，把身体想象成气球，空松圆活；要求以意运气，反对以力使气；要求"悟太极之理""悟阴阳相济之义"。此论明确指出："走架即是打手，打手即是走架"，用一元论的观点来阐述太极拳术，并指出其理论基础是概括阴阳斗争的太极学说。

力学基础

太极拳术的走架与打手处处贯串着力学原理。从某种意义上来说，太极拳架中的基本拳式及其转换都严格遵守力学原理，希望学者在长期的锻炼中，习惯成自然，从而在技击中建立起不败的基础；而太极推手则是对各种力学规律的具体学习和演练，以便在技击、防身中获得运用。因此，在太极拳术中，拳架与推手是相辅相成而不可分割的。练拳架而不练推手，固然对身体健康颇有补益，但终究难以深刻领会其技击效能，并在实践中做出切合实际的发挥。练推手而不练拳架，必有益于身心保健，但不能在前人经验的基础上，使技击的功力更上一层楼。太极拳术克敌制胜的原则是以柔克刚，以静制动，以简御繁，以逸待劳和以小制大，从而要求在积极防御的战略思想指导下，克制对方之所长，又不为敌所用。所有这些，都与熟谙太极拳术的力学基础有密切的关系。

太极拳术的力学原理

力学是研究物体的空间位置随时间变化的一般规律的科学，其中静力学主要研究力系及物体的平衡，运动学研究物体运动的几何性质，而动力学则讨论物体运动和作用力之间的关系。用力学的观点分析太极拳运动，尽管每个动作都十分复杂，但却能完全与力学原理相符合。这一点只要考察太极拳运动与力学基本原理之间的关系，就可以充分说明。

平衡

在力学中，将物体做匀速直线运动或物体相对于地球处于静止状态，称为平衡。在太极拳术中，平衡完全指的是后者，即人体相对于地球处于静止状态。太极拳行功走架要求动作在意识的引导下，与呼吸配合并保持稳定平衡；而太极推手则是在与对手较量中，破坏对方的平衡而保持自己的平衡。因此，太极拳术是一种平衡运动。

物体在空间任意力系作用下保持平衡的必要条件和充分条件是：各力（F_i）的代数和等于零，各力所成力矩（M_i）的代数和也等于零：

$$\sum_{i=0}^{n} F_i = 0$$
$$\sum_{i=0}^{n} M_i = \sum_{i=0}^{n} F_i d_i = 0$$

式中，d 为力的作用点到物体转动轴之间的距离，i 为力和力矩的顺序。此二条件被破坏时，物体就不能保持平衡，或者发生移动，或者转动。

根据力学的观点，可以将人体看成一个刚体。如果这个刚体具有圆锥体的形状（解析图 1），则很容易说明人体平衡的两种极端情况。如果圆锥体的顶点向下立于地面，除非它和陀螺一样处于高速旋转之中，否则很难保持平衡，因为它的底面积太小。如果圆锥体的底面立于地面而顶点向上，那么，只有施加外力，使其重心移出底面之外，才能使此圆锥体倾倒，不然它就将一直保持平衡。由此可见，与物体平衡有关的两个基本因素是底面积和重心。底面积大，重心低，是保持平衡的主要条件。

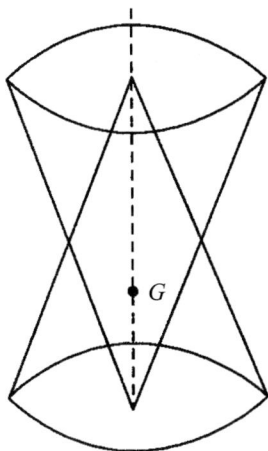

解析图 1

由力学计算可知，如果圆锥体的质量分布均匀的话，底面中心与顶点连线的 1/4 处为此圆锥体的重心所在之处。对于人体来说，重心的位置大体相当于内丹田，即人体内脐下三寸处。

练习太极拳架时，务必尽量保持全身平衡。为此，盘架子要求把姿势放低，甚至使小腿与大腿在膝关节处成 90° 角，以便降低重心而又有宽广的底盘。但是，仅作这种考虑还很不够，因为身体歪斜将改变重心位置，影响平衡。太极拳术要求立身中正安舒，不仅是保持端庄而稳重的形象，将身体作统一的安排，使全身作为一个整体，而且是满足平衡所应保持的基本条件。用拳术的术语来说，盘架子中，在每个定式时都应注意外三合，即手与足对、肘与膝对、肩与胯对，以期上下、左右、前后都保持完整、平衡，从而达到八面支撑，不偏不倚。应该指出，顶头悬与躯干正直在平衡中具有重要意义。头部在全身之中所居位置最高，所占比重最大，因而头部歪斜影响身体平衡也最严重。肩歪、腰斜、挺胸、收腹都将使人体重心偏移或上升，极不利于平衡。这种平衡也称为静态平衡，因为它只涉及每个太极定式的平衡，而不包括太极拳运动中拳式之间的衔接转换，甚至在外力作用下身体保持动态平衡的问题。

盘架子时，要求分清虚实。用一腿支持全身重量为实，一腿无此重量负担为虚。如果两腿平均支持全身重量，则不能使身体轻灵地前后左右转换，称为双重。而分清虚实则是两腿分别为大虚大实，仅一腿支持全身的重量，称为单重。尽管此时可以要求实足的脚掌要平稳，涌泉穴要空起，五趾要抓地，以获得牢固坚实的底盘，但对于静态平衡是不利的，因为底面积太小。作为基本功训练，在太极拳行功走架时，采取缓慢的动作而又有些虚实分明的要求，则是希望在长期从难从严的锻炼中，使身体能最大限度地保持稳定平衡。

对于打手来说，既要避免双重，又要避免单重。它们是两种极端情况，但都失之于不能灵活地调节重心、因势利导地保持稳定平衡。为了能够自如地应付任何突然袭击，在打手中应使身体的重心处于这两种极端情况之间，而不是偏向于任何一端。

根据对平衡的这种理解，在初学盘架子时，必须分清虚实，采取大虚大实的练法；在经过相当的锻炼之后，则应逐渐改变，使虚中有实，实中有虚，既不是虚实的等量分配，也不是虚实相乖离，而是有虚有实。虚是阴，实是阳，阴不离阳，阳不离阴，虚实渗透，阴阳互济。只有如此，才能在任何意外的动态变化中仍可以保持平衡。

经典拳论指出："一处自有一处虚实，处处均有一虚实。"这句话明确地说明，人体周身处处都有虚实、阴阳之分，并不是只有两腿才有分清虚实的要求。手有手的虚实，胸有胸的虚实，它们都有既要避免单重又要防止双重的问题。"含胸拔背落自然"，是指胸背要呈自然状态，既不挺胸收腹，也不佝偻内凹，以致处于极端而陷于僵滞不得运化。只有使胸背自然正直，才能使此部分阴阳、虚实相互结合，应付任何外力作用而不影响整体平衡。

应该强调指出，腰裆的虚实开合是取得全身动态平衡的重要环节。腰裆扣合能使人体重心以上轻灵活泼，而重心以下坚实稳固。在此情况下，虽受外力打击，而上身可以旋转自如，下身又能保持重心位置，使底盘牢固。腰裆扣合之后能够迅速转换为开放，则扣合所蓄之动力突然爆发，如强弓劲矢，直取对方。这样。腰裆的扣合与开放，既能保持自己的平衡，又能危及对方的平衡。

此外，呼吸是开合，也是虚实。"吸为合为蓄，呼为开为发。"气沉丹田实质上是降低重心的重要措施。吸气而收腹，使身体轻灵不滞，以应付外力的作用；呼气而鼓腹，使下盘牢固，以利于平衡。

所有这些都必须在长期认真的锻炼中，不断地揣摩，反复修正，务期全身完整，内外统一，自然而不偏颇，灵活而不僵滞，含蓄而寓变化，从而达到静如山岳，动似江河，形象沉稳端正，身体在任何情况下都能获取平衡。

太极推手，从力学观点来看，可以说是在敌我双方的对抗运动中，努力保持自己的平衡而破坏对方的平衡。破坏平衡的方法有多种，但都不外乎使对方在短暂时间内重心移于底盘之外，或者位移，或者倾跌，以致身体难于继续保持平衡。因此，在推手中，敌我双方的注意力往往都集中于自己的与对方的重心（丹田）。一般地说，经过太极拳训练的人，大多可以做到上下轻灵而中部填实，加上坚固而宽广的底盘和开合顺遂的腰裆劲，为保持身体平衡奠定基础。但是，要想在双方推手动作的往来变化之中，保持重心转换自如而不至于使平衡遭到破坏，却不是一件容易的事。

所谓推手八法，掤、捋、挤、按、採、挒、肘、靠，都具有强烈的技击性质，能够通过腰身与手臂，甚至腕指的动作，使对方的重心偏离。因此，推手八法主要讲的是攻击，而将此八法联系起来，例如四正推手（掤、捋、挤、按）、四隅推手（採、挒、肘、靠）的往复打轮，盘旋进退，则包含着化劲的训练。所谓化劲，就是根据对方的劲力，通过自己重心的变换来保持自身的平衡。为此，四正、四隅推手讲求的是先化后打，能化才能打，化劲要身体松活轻灵，八面转换，既不双重，又不偏随，始终具有变化的能力，以在各种条件下保持身体的平衡。只有自身平衡得到保持，才能为运用推手八法打击对方、破坏对方身体平衡创造条件。

惯性

牛顿力学的惯性定律认为，未受外力作用的物体将不改变其原有的运动状态，即静者恒静，动者恒沿直线做匀速运动。假定人体不是因其本身的重心移动而破坏平衡，那么，静止的人体须受到超过其自身重量的外力作用，才能发生位移运动，而在力矩作用下，则将发生转动或倾倒。相反，不受外力作用，或外力作用微小，都不可能改变人体静止或运动的状态。

惯性定律及其推论，一般地说是对的。但是，太极拳术讲求的是以小制大，以弱胜强，尽管太极拳术和中国外家拳术一样，也讲击法，只是并不刻意追求而已。击法大多强调快速用力，否则一击不中，既未改变对方的静止或运动状态，也就没有达到技击的效果。太极拳术主张用意不用力，要求获取四两拨千斤的技巧，从而在击法之外，更加注意追求拿法，尤其是发人之法。拿法是以小力锁住对方的关节，或由其不灵活而受制，或由其薄弱而必须迁就，以致引起对方身体歪斜，重心偏移。发人之法则是根据对方所施之力，或使其落空，或顺其力而增加其运动，或者略加小力而使其受到大力的作用，以致对方身体失去平衡。这些都是借力打人，用对方之力来破坏对方的平衡。显然，拿法与发人法在概念上与击法完全不同，但却同样是以力学原理为依据的。

任何一个作用力都是由大小、方向和着力点三项要素组成的。假定对方用力作用于我身体的某一部分，如果我身体的这一部分对于对方的作用力并无阻挡或顶撞，而是随之收缩或旋转，则对方的作用力失去着力点，必将感到劲力落空。从力学的角度来看，对方的运动并没有受到外力的作用，必将沿直线继续运动，其结果势必造成自身的不平衡。假定我已了解对方劲力的作用方向，而顺此方向略施小力，尽管此力不大，但对方却要受到其本身的作用力与此小力的合力，从而更加速其运动的继续。其结果往往促使其重心迅速偏离平衡位置。至于在对方劲力落空之际，略加一个力矩，则使对方加速旋转，平衡将遭受强烈的破坏。

所有这些借力打人的方法，都是根据人体在运动中的惯性作用加以灵活运用的结果。它不仅说明太极拳术的高超技巧，更重要的是体现了太极拳术的精微与辩证关系。

太极拳术名家充分意识到惯性在技击中的重要作用，从而要求在行功走架时处理好动静的关系，使惯性作用能为我所用，而不是被用于人。所谓"动中有静，静中有动"，更确切地说，应是动中犹静，静中犹动，即在运动中要求动作缓慢得犹如静止，而在静止中又有运动的意味。这样，太极拳术不仅要求在运动中保持头脑的冷静，同时又要求在静止中使动作圆匀连贯，使得动静两种对立的矛盾能够得到辩证的处理。在这种认识的基础上，经过长期的锻炼，在意识对动作有高度的统率能力后，可以因势利导，改变运动状态为静止，或由静止状态自然地转入运动，从而解脱惯性的制约，避免平衡遭受破坏。当然，完全不受惯性定律的支配是不可能的，但只要不陷于双重而滞和偏沉而随的极端情况，即使在惯性作用下，仍应能够灵活地调节身体的平衡。

动量

由经典力学可知，在外力 F 的作用下，物体发生加速度运动，而此加速度 a 与作用力 F 的方向相同，大小成比例。比例常数称为质量 m，即物体惯性的度量：

$$F=ma$$

质量与重力加速度的乘积为重量。已知加速度是速度 v 的变率，则上述公式可以用动量定理来表述：物体在某段时间内的动量（mv）变化等于作用力 F 在同一段时间内的衡量（Ft），即

$$mv_2 - mv_n = \int_{t_1}^{t_2} F dt$$

由此可见，在没有外力或外力的矢量之和等于零时，物体的动量保持不变。这就是动量守恒原理。

在一个系统中，物体所有的动量恒等于其所受到的冲量。所以，质量很小的子弹，在高速前进的条件下，可以达到穿透人体的冲量。反之，如果人体以大于或等于子弹的速度在其前进的方向上运动，则子弹将不再具有杀伤力，或者根本不起作用。此时速度是相对的。因此，在太极拳术中，要求打手使用沾、连、黏、随的原则，动急则急应，动缓则缓随，既不可丢，又不能顶，完全随人所动，因屈就伸，与对方的变化速度相应，则不仅能够避免遭受突然的打击，同时又可发现对方的弱点，进行反击，这完全是总结符合动量定理的经验而制订的技击原则。

此外，人体所产生的动量取决于其所遭受的冲量，而冲量的大小则决定于作用力和作用时间两个因素。因此，作用力大而作用时间短促和作用力小而作用时间缓长，完全可以达到同样的冲量效果。这一点很容易从动量定理的数学表达式中看出来，因为冲量等于作用力与作用时间的乘积。虽然在日常生活中有许多这种实例，但是，这一点却往往不易为人们领悟。尽管有两种途径可以达到同样的冲量效果，但大多数拳术强调击法，都是从作用力大而作用时间短暂这一途径出发的，只有太极拳术强调用意不用力，要求用小力而增长力的作用时间：即在向对方身体施力之后，不是一触即回，而是继续延长其作用时间，虽然太极拳术并不排斥在得机得势时，也使用快速的爆发力猛烈地攻击对方。

作用与反作用

经典力学指出，一个物体对另一个物体施加作用力时，另一个物体

必对此物体产生反作用力。作用力与反作用力大小相等，方向相反，并作用于同一条直线上。

由此可见，在交手双方，如果一方采用作用力大而作用时间短的突然打击，虽然有时可以奏效，使对方疼痛，甚至跌倒，但也还必然要受到对方作用于自身的大小相等而方向相反的反作用力。种因是自己所施的作用力，恶果是自己也要获得反作用力。

如果被打击的一方采取像垒球或篮球运动中接球并抛球的技术，在受力部位略作后撤以卸却其前进之力，并随即外抛，则施力一方必将受到严重的打击。在太极拳术中，将卸却其前进之力，看成蓄劲的过程，将它与外抛的动作联成一气，正是打手歌中所谓的"引进落空合即出"。如果被打击一方能够采取像排球运动那样的弹击方法，则在对方作用力到达时突然爆发弹击，即"于彼劲将出未发之际，我劲已接入彼劲，恰好不先不后"，则击人一方势必如排球被弹击出去。显然，这些情况都是太极拳术用来正确处理作用力与反作用力之间的矛盾问题。

因此，太极拳术在选择取得相同冲量的两种可能情况时，宁愿采用作用力小而作用时间长的方法，以避免反作用力的作用，特别是要防止大作用力而短作用时间会遭遇像上述篮球、排球那样的情况，在刹那的时间里蒙受强大的突然打击，使自己陷入一个不可收拾的极端境地。

事物总是处于对立的矛盾统一体中。有作用力必有反作用力，它们既是相互依赖，又是相互依存的。但是，事物又总是往其反面发展的。只想打人而不想挨打，必然导致与自己主观愿望相反的结果，遭受更加惨重的打击。太极拳术正确地考虑到事物的正反两个矛盾方面，深入地研究了作用力与反作用力之间的关系，从而在整个太极拳套路中精心地规定了只有五处可以用拳击的情况，称为太极五捶，即搬拦捶、肘底捶、指裆捶、栽捶和撇身捶。其他拳式几乎全部用掌而不用拳。这不仅是因为掌指的伸缩转化比拳捶有更大的灵敏程度和变动余地，可以因感觉而相机变化，同时也由于掌比拳更能符合作用力与反作用力的要求。

应力与形变

人体能够完成极其复杂多样的运动。如果仅从刚体的角度来说明太极拳运动，而不考虑其弹性能力，虽不能说是严重的遗漏，至少也应是很不充分的。全部太极拳术的动作可以用"开合、蓄发"来概括，"合即是蓄，开即是发"，而蓄与发则是对弹性力的理解与运用。

弹性力学的基础建立在虎克定律之上。虎克定律用张量的形式来描述应力和应变之间的关系。为了叙述的方便，我们仅就一维关系来看虎克定律：在弹性限度内，弹性力 F 和形变伸长量 x 成正比而方向相反，其比例常数 k 为物体弹性性质的度量：

$$F=-kx$$

由此可见，弹性物体收缩 x 距离，则它本身蕴蓄了 $F=-kx$ 的弹性爆发力。因此，收缩距离 x 越大，弹性物体蓄积的爆发力 F 也越大。此外，弹性物体本身的弹性 k 越强，则其爆发力 F 也越强。

在太极拳术中，认为"腰如弓把，脚手如弓梢"。将人体形象地比喻成符合应力与形变定理的雕弓，自然也就要求人体能有弹性，富有爆发力。于是，"蓄劲如张弓，发劲似放箭"，使蓄劲与发劲、张弓与放箭结合一气，用强劲快速的放箭来形象地描绘发劲。张弓要如满月，是使位移达到极大，以产生最大的弹性爆发力。有时为求得更大的位移而采用圆弧迹线，但爆发力却必须沿直线前进。因此，"曲中求直，蓄而后发"具体地说明了弹性力的应用。"无蓄劲，则无发箭之力"，则从反面说明弹性力与形变、开与合、蓄劲与发放之间的关系。由此可见，太极拳术中要求的发放应是"弓似霹雳弦惊"，突然爆发，疾如电掣。此时，箭矢以强大的劲力飞速前进，直贯甲胄，无坚不摧，而在打手中如此发放对方，也必致随手奏效。反之，如果弓已张满，劲力已达极点，却不能果断发放，则徒误良机，既不能有爆发力，也不会致敌于失败。

太极拳术的"撒放秘诀"指出，"擎起彼身借彼力，引到身前劲始蓄，松开我劲勿使屈，放时腰脚认端的"，就是集中而具体地阐述有关弹性力的应用。

太极拳术要求，用圆弧动作以蓄劲，用突然爆发的弹性力以发放，从而平日行功走架也应予以贯彻。蓄劲要全身一致，发劲也要全身一致，"由脚而腿而腰，总须完整一气"，否则此牵彼扯，既不能蓄劲圆满，也不能发劲干脆利落。只有完整一气，才能使人体发挥出强弓般的作用。因此，平日行功走架，必须处处以腰为轴，左旋右转，上下相随；姿势圆满而不散漫，呼吸顺遂而不短促，开合有致而不缺欠，使整套拳路自始至终，式式贯串，完整一气。这样既能增进身体的弹性，也锻炼了全身弹性力的蓄放。

我们曾经指出，在太极拳术中用"引进落空合即出"来说明蓄劲的过程与发放的时刻。但是，结合反作用力和弹性力在太极拳中的应用，还应该进一步指出，在太极推手中，"引进落空"应是圆弧，以取得最大的蓄劲过程，而"合即出"，应使弹性爆发力做直线运动。此时蓄劲具极大的爆发力，以迅猛的速度一往直前，足以造成充分的冲量而动摇对方的平衡。

太极拳术将周身比作一个具有弹性的气球。它在运动中，前进不凸，后退不凹，既无缺陷，又无断续。那么，气球一旦爆发出弹性力，就势必将对手像排球那样弹击出去。

以上我们仅从经典力学的一些基本定理来看太极拳术，尽管讨论还只是初步的，但已经可以充分地看出，太极拳术是完全符合于经典力学原则的。我们在惊叹太极拳术所达到的这种高度成就的同时，不禁要问：为什么和怎么才会有此成就呢？看起来，唯一的解释只能是：作为中华民族瑰丽的文化遗产之一，太极拳术在长期发展的实践中，经过历代太极拳家锲而不舍的努力，用严肃认真的态度进行了不断深化的总结，做出了精辟的概括，从而与经典力学理论原则不谋而合，达到了高度辩证的认识水平。

力学规律的应用

太极拳术不仅符合力学原理，而且大量地运用各种力学规律。其研究精微深湛，应用广泛多样，在各种拳术中独树一帜，别有特色。但是，太极拳术要求因人所动，随曲就伸，物来顺应，虽有太极八法（掤、捋、挤、按、採、挒、肘、靠），而具体运用却是极其灵活、精巧，甚至千变万化的。经过归纳，现仅就其中具有典型意义的部分动作进行阐述。

圆弧运动与直线运动

前面已经指出，太极拳术中的"引进落空合即出"就是圆弧运动与直线运动相结合的应用，这正是太极拳术的重要特征之一。圆弧与直线是相互对立而又统一的，太极拳术要恰当地处理好这一对矛盾，只有使"沾黏连随""掤劲不可失"等法则所要求的圆弧运动随时都能转化为直线，而前进、后退、左顾、右盼等直线运动又富含圆弧的意味。

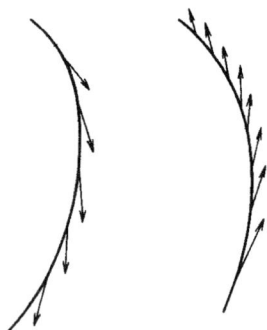

解析图 2

在运动学中，只要位移、速度或加速度的轨迹为曲线，例如圆弧，就可以将它看成是此轨迹上每个点的位移、速度或加速度的直线向量的包线（解析图 2）。因此，在直线与圆弧之间存在着一种极限关系。这一点从微积分的概念出发，是很容易理解的。这样，我们可以认为，圆弧运动在整体上表现为圆弧，而在每一点上又是直线（切线）。其实，也只有圆弧运动才可以随处化为直线而无间断的痕迹。

圆弧运动适于作沾黏连随，可以顺应对方进攻的力而加以改变，例如用掤变捋；又可以用圆弧作蓄，用直线作发，合以蓄劲，开以放人。无论是前者，还是后者，只要运用纯熟，都可以接榫无迹，一任自然而又寓有变化。

两点之间的直线为最短。这是几何学的基本公理。在太极拳术中，我去击人，应采取直线运动；人来击我，则应尽量使其沿圆弧作用，才便于化解，也有利于我来寻找可乘之机。一旦发现这种机会，圆弧运动随时可以转化为直线，即沿该点的切线作用于人，使其在最短的途径中受到打击。

这样，在太极拳术中，要求任何动作都应是"圆中有直，直中有圆"，而对圆直的转换，必须在意识与感觉的支配下，因人因势而变，绝不能有任何固定不变的成见。这是太极拳术用辩证的观点和具体分析的方法来对待技击运动，正确地处理圆弧和直线之间的关系，也是太极拳术高于其他拳术之处。

在太极拳架中，搬拦捶是圆弧运动与直线运动相结合的典型。左搬右拦都是圆弧运动，用意于化移对方的劲力，因而用掌，以使圆弧运动灵活多变。例如，此时可以演化为怀抱琵琶，既搬开敌手，又隐含拿法；也可以演化为白蛇吐信，右手上穿，左手下抚，使敌身受力而倾倒。在搬拦之后紧接以捶击，是在搬拦的圆弧中蓄劲，在敌身平衡失控之际，用拳作捶直击敌肋，完全是直线运动。其实，太极五捶是总结各种拳术而形成的命中率最高的五种击法。其中除肘底捶之外，所余四捶都是采取左手作圆弧运动，转移对方劲力致使落空，而右手作直线进击。肘底捶是将右拳隐藏于左肘之下，如叶底藏花，仅是击法的准备，并未将拳击表现出来。其击法是立左肘作圆弧运动，外掤敌人的攻击，同时上步拧腰合胯，用右拳进击。一般地说，只要左臂的圆弧运动得以施展，或掤，或拿，或化，则右捶大多可以击中对方。

平时盘架子，应努力体会圆弧运动和直线运动之间的辩证关系。开始时，宜作大幅度的圆弧动作，手、腕、肘、肩、胸、腰、胯、膝都作圆弧，而圆弧有大有小，有平有立，有正有斜，触处成圆，处处是圆。大幅度的圆弧运动是求得开展，一个阶段之后，应使圆的幅度逐渐减小，力求紧凑，直到形式上是直线的圆弧运动，即形迹上看不出圆弧却富含圆弧味道的直线运动，从而登上圆中有直直亦圆的境界。

双人推手时，沾黏连随是圆弧运动。要求对方的手挨我何处，我何处作圆弧运动，既承受其力，又使其力失去打击的作用，给直线运动的发放创造条件，从而达到"引进落空合即出"。

分力与合力

太极拳术尚意不尚力。它在击技中追求四两拨千斤的巧妙，而不提倡一力降十会的体力条件。相反，太极拳术认为，力之大小主要是先天赋予，不若学力技艺精深博大，受人尊崇。

关于四两拨千斤，必然是灵巧多变，而且"因敌变化示神奇"，以致常被视为难于学习并不可理解的技术。事实上，从力学的角度来看，四两拨千斤的效果并不是完全不能获得的，它除开应深刻领会并熟练圆弧运动，正确掌握圆弧与直线之间的关系外，还必须善于使用合力与分力，杠杆、转动、滚动和螺旋等多种力学作用。

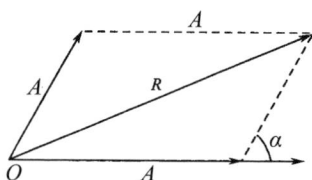

解析图 3

在力学中，用矢量来表示具有大小、方向和着力点的力。力的合成与分解，即力的相加与相减，可以用平行四边形的边长与对角线之间的关系来说明。平行四边形定理表明：作用于物体上的两个力之合力，其大小和方向由此二力的矢量所构成的平行四边形的对角线来表示（解析图 3）。合力的作用点即为原来两个力的交点，也称为力的三角形法则，因为只要绘出此四边形的一半，就可以求得相应的合力或分力。

设有力 A 和力 B 作用于 O 点，如果它们之间的夹角为 α，则此二力的合力决定于

$$R^2 = A^2 + B^2 + 2AB\cos\alpha$$

分析此式可以看出，在 $\alpha = 0$ 时，$\cos\alpha = 1$，则合力为

$$R = \sqrt{A^2 + B^2 + 2AB} = A + B$$

即相当于顺 A 力的方向加上一个 B 力的结果。如果 α 接于 0 而不等于 0 时，$\cos\alpha \to 1$，则合力 R 仍可达到比 A 或 B 单独作用要大很多的效果。但是，如果 α 从 $90°$ 变到 $180°$，则合力 R 逐渐减小，直到相互抵消（解析图 4），即 $R=A-B$，或

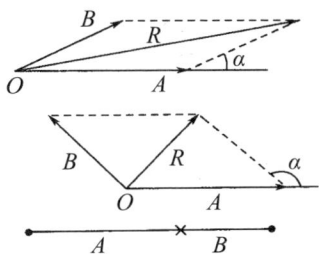

解析图 4

$$R=\sqrt{A^2+B^2-2AB\cos\alpha}$$

因此，力 A 与力 B 之间的夹角越小，就越能获得大的合力 R；夹角在 $90° \sim 180°$ 之间，则合力相减相消。

由此可见，在击技中要求善于使用力的合成与分解，关键在于顺其力而打之，逆其力而化之。顺其力是指我力与彼力之间的夹角很小，而使对方受到大力的作用；逆其力是指我力与彼力之间的夹角处于 $90° \sim 180°$ 之间，而取得化大力为小力的效果。

太极拳术要求"力从人借""擎起彼身借彼力"，而且认为，"能借力，方能打人"。太极拳法反对丢顶。丢是逃脱，是思想上畏缩的表现，其结果则使自己处于完全不了解对方的状态，以致陷于被动挨打的地位。顶是对抗，是与对方之力正面冲突，正如 A 力与 B 力之间夹角成 $180°$ 的情况，其结果则是动量大者胜。如我与人顶，则我必僵滞而失去变化，势将为人所制。因此，"力从人借""借力打人"，都是指顺其力而施力，使对方受到其自身之力与我所加之力相加的合力作用而失去控制，这是合力的应用。

太极拳术要求"化劲顺遂"，是用圆弧运动使对方的作用力由直线化为弧线，而不作用于己身。有时也可以在对方施力的中途，以大于 $90°$ 角的力来截取对方之力，使自己仅受较小的作用力。这是分力的应用。在太极拳式中，抱虎归山是应用分力与合力最典型的动作。这个拳式将敌人设想为虎，先搂抱随即推掷。在用右手将敌人往自己怀中搂抱时，如果敌人顺势前进欺人，我则立即转腰撤步，用左手顺其前进的方向，往我后侧

推搠。全式的关键在于顺敌欺人之势而发劲，正是应用合力，借力打人。

推手八法中，掤、捋、挤、按、采、挒、肘、靠都包含着力从人借的原则，因此，也有分力与合力的应用问题。这些，我们将在后文"听劲与懂劲"一节作进一步的阐述。

杠杆

在力学中，用小力获得大力的途径有许多种，其中最简单的是杠杆作用。

设有杠杆如解析图 5 所示。其中 A 为支点，B 为力点，C 为作用点。在此杠杆为刚体的情况下，于 B 点加力 F_1，则在 C 点获力 F_2，它们之间的关系与力臂成反比：

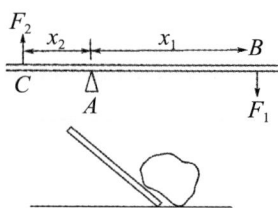

解析图 5

$$F_2 = \frac{x_1}{x_2} F_1$$

此处 x_1、x_2 分别为 B、C 两点到支点 A 之间的距离，称为力臂。由此式可以看出，只要 x_1 比 x_2 大，很小的 F_1 就可以得到大的 F_2。

在日常生活中，利用杠杆原理获取大力的例子很多。用橇杠起动重物就是其中常见的实例之一。此时支点两侧的力臂相差应较大。

太极拳术中，许多拿法都是用小力而胜大力的效果。其中或者以对方腕肘等关节作为支点，以其薄弱不能经受大力而必须迁就，以致歪斜、倾倒，甚至僵滞，制造被发放的机会；或者运用杠杆原理，以小取大。这种拳式很多，典型的如怀抱琵琶和海底针。怀抱琵琶是针对对方直攻胸前所作的拿法，其动作为双手一前一后，一上一下，分别拿住对方腕肘，同时向内作圆弧转动。目的是前手取对方肘部为支点，而后手作为力点向对方腕部施力。此时对方肘部需要承受其全身的重量，成为相对的薄弱环节，又因杠杆作用而受大力，以致身体倾斜。如对方企图维持其平衡，而不能放松肩部关节，势必僵滞并有向后的趋势，我则正好顺其力而打之，达到发放作用。海底针是在对方进攻中，我顺其力并向下牵引，使其俯之则弥深，制造我用掌直督对方海底穴的条件，从而，我能在垂直方向上取对方腕肘，利用杠杆原理擒拿对方。这样，利用杠杆原理，通过拿法来打击对方，则是"力从人借"在特定条件下的应用。

力偶矩

在前面的讨论中，将人体看成是一个刚体，而其重量全部集中于重心，从而可以用质点来表示。但人体是十分复杂的，上述简化的力学模型只能给出最简单的、一般性的规律，而不能概括全部情况。为此，将人体看成一个质点系，其质量集中于质心。质心和重心在均匀重力场中是重合的。作用于人体的所有外力，都要平移到人体质点系的质心上，并在那里起作用，从而不仅会产生位移，而且会产生转动。

由实践可知，力 F 使物体发生转动，不仅与此力的大小有关，也和此力的作用线与物体接触地面 O 的距离 d 有关（解析图 6a）。在力学中，将 O 称为矩心，d 称为力臂，而将乘积 $\pm Fd$ 称为力 F 对 O 点的力矩 M_0：

$$M_0(F) = \pm Fd$$

这就是转动效应的度量。

力偶也可以产生转动。力学中将大小相等方向相反的平行力称为力偶，并表示成

$$M_0(F, F') = F(a+d) - Fa = Fd$$

由此可见，力偶作用与矩心 O 的位置无关，而等于力偶力 F 和力偶臂 d 的乘积 Fd，称为力偶矩（解析图 6b）。力偶对物体的效应取决于力偶矩的大小和旋转方向。

人体的平衡条件应包括力的平衡和力偶矩的平衡，即

$$\sum_{i=0}^{n} F_i = 0, \quad \sum_{i=0}^{n} F_i d_i = 0$$

前一个条件说明没有位移或平动产生，后一个条件表示没有转动出现。

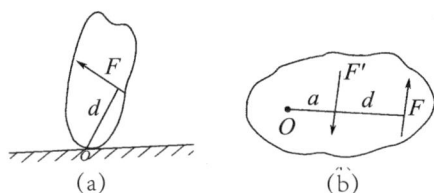

解析图 6

在太极拳术中，对于人体的发放主要条件是破坏对方的平衡，或者使对方发生位移，或者使其出现转动。造成对方转动则应从力偶矩出发，其中包括力矩。在太极拳式中，野马分鬃是利用力偶矩致人转动的典型。野马分鬃，一手取敌腕，一手自敌腋下穿出，随即进步于对方脚后而使敌处于力偶矩的作用之下，发生转动，破坏平衡，则可横肘施力发放对方。野马分鬃要求后腿上一步，即应使自己的重心在前腿，否则对方将不可能因力偶矩的作用而遭受转动。白蛇吐信，两手分别向上和向下，使对方承受垂直平面中的一对力偶，以致产生倾倒，亦即转动。对方因受转动而离开地面时，不仅平衡遭破坏，且除去其与地面的约束力，于是，我由其转动而蓄劲，再顺其挣扎方向做直线进击而发放。力偶矩的这种运用，不易为人察觉，以致时常成为破坏对方平衡的成功实例。

滚动

滚动是转动的一种特殊情况，一般指圆球或圆柱的滚动。根据力偶矩原理，已无须再作解释，现仅对滚动的应用略加说明。

轴承是由圆球或圆柱组成，具有减小摩擦（损）而保证机械运转的作用。在受到大力或重物作用的情况下，轴承中的圆球或圆柱产生滚动而使大力或重物产生位移，其效果是十分明显的。各种车辆都采用轴承，就是这个道理。我们经常看到，在搬运十分沉重的物体时，在其下放置几根圆木，则可以在小力的作用下，使重物迁移。这种滚杠的作用，完全是滚动原理在日常生活中的应用。

太极拳术同样利用滚动来对付大力的作用。玉女穿梭的精巧，首先表现在腰步的灵活，其次是在转身之中含有拿法，随着开合的变化，既化解对方的作用力，又可乘势进击对方。但是，在一手进击的同时，另一手在眉际额前用腕臂上卷所作的滚动，也是玉女穿梭中值得重视的动作。这个滚卷虽然只是微动，却并不需要太大的力量即可化解对方向面部进击的拳掌。这个动作极为考究，腕臂在眉际向上翻卷，不必高过头部，稍稍滚动即可使对方的拳掌失去其作用点，甚至引起身体前倾，为发放创造机会。此时腕臂再做反向滚动，即所谓"发落点对即成功"，滚臂进腰可致强大的发放力。在扇通背中，同样也应用这种滚动。右手滚动化却敌人的进击，左掌则随手用横劲奔向敌肋。横击之力十分强劲，而右手腕掌翻卷动作的纤巧实是命中敌人的决定性关键。

螺旋

在力学中，将旋转、滚动中的进退称为螺旋。日常生活里，用改锥拧螺丝可以穿透坚硬木材。太极拳术则将滚卷盘旋结合进退的螺旋作用称为缠丝劲，要求在行功走架中做精细的体会，而在技击中做广泛的运用。

应该指出，螺旋作用精巧隐蔽，在滚卷盘旋中，退以化解，进以发放，浑圆一体，实是太极拳术动作的高级境界。

滚动已经具有纤巧的特点，用力不大，动作细小，却可以使对方劲力落空，失去平衡，为进击创造条件。而滚动中的后退，使敌重心空虚，如坠深渊，欲罢不能，只好扑倒；滚动中的前进，使劲力入敌骨里，僵滞不能运化，任我处置。而退后可进，进后有退，都可给对方以更严重的打击。

太极拳术中，滚卷进退的缠丝劲几乎可以贯彻到每个拳式里，而且并不仅限于腕臂的应用。提手上势、白鹤亮翅都有腕臂的螺旋缠丝，云手则与腰部的转动与平移相结合，而腕臂在缠丝中还可转化为劈砍的击打等等，都值得深刻揣摩，反复推敲。

转动、滚动，以及它们与进退相结合的螺旋缠丝运动，是太极拳术中化劲的重要形式，也是发放的前奏。旋转进退可以演化出种种方式，不仅精微巧妙，而且花样翻新，趣味横溢，使太极拳术在中外拳术中表现出独特的风格和无穷的韵味。

拳架

太极拳术是由拳架和推手两部分组成的，而太极拳架是基础。

在长期的历史发展中，太极拳架演变出许多风格不同的流派。但是，各种太极拳架的招式和趟路都严格地按照虚实开合编排而成，又都十分强调"用意"，要求在意识的引导下，使呼吸和动作紧密地结合起来。

因此，在学习太极拳架的过程中，首先应正确地掌握其手、眼、身、步法，使动作准确，姿势合度，趟路连贯，意识、呼吸和动作相互协调，完整圆满；其次要在长期不断的锻炼中，深入领会一招一式的目的、意义与作用，并掌握此拳套的特征。在此基础上，还必须通过太极推手的学习和实践，进一步体验、领会太极拳法的原则要求，学以致用，并做创造性的发挥。

基本拳式（37 式）

我们所传习的太极拳架源自王茂斋，总共有 10 个来回趟路，108 个拳式。其中有许多拳式是重复的，甚至是多次重复的。如果去掉这些重复的拳式，则在整个拳套中，除开始（太极起势）和结尾（合太极）之外，只有 37 个基本拳式。

太极起势

太极拳从准备到开始运动的姿势，称为太极起势。

准备时，头颈应正直松竖，下颌略向后收，意寓顶劲，眼向前平视，含胸拔背，两臂自然下垂，两脚分开与肩等宽，腰胯放松而吊裆提臀。全身形象端庄平正，精神内固，气沉丹田。这些要求取意于守我之静，待人之动（图1-1）。

在精神敛聚、呼吸顺遂之后，开始进入运动。用意识自丹田提气上升，同时使两臂缓慢向前轻轻抬起直到高与肩平，手心向下，十指微屈，用意不用力，表现轻灵无滞，自然稳重（图1-2）。两臂平举的缓慢程度确定整套太极拳架中的速度。

两臂与肩平后，由吸气转为呼气，双手下按，掌心吐力。两腿随手下按而屈膝下蹲，确定整个拳套中身体的高低程度。双手下按时，要用意识沉肩坠肘，使肘膝相对，十指随呼吸而张缩。下按到极点，要呼出全部空气，十指伸张。此式重心在两腿中间，身体平正竖直，神情磊落大方。随后，动右腰，用右胯支持左腰眼，回收右手，左腿轻提，脚尖点地，右腿为实，以接下式（图1-3）。

起势全部动作在一吸一呼中完成，要求精神集中，摒除杂念而取静字，用意不用力。两臂起落都含有向上向外的掤劲，两腿由平均分配体重的双重开始变动，负担体重的腿为实，另一腿为虚。

这样，太极起势不仅是动作的开始，也是用意和导引行气的开始，

图1-1　太极起势（一）　　图1-2　太极起势（二）　　图1-3　太极起势（三）

用思想安静来使大脑皮层得到抑制，以加强中枢神经系统，并使全身器官的机能活跃起来，对于全身保健具有基本意义。

起势虽然只是太极拳架的开始，但它在击技中也具有一定的意义和作用。敌人从外线来攻我时，如用双风贯耳动作，我则可以采取起势，将精神凝注于手背腕骨之间，用来沾取敌臂，将气沉入丹田，仔细听劲，或转腰，或卷腕，都能化却敌劲，而后向敌发放。此中的关键在于双臂起落均不可失去掤劲。

太极起势精神敛，虚领顶劲呈自然。

抬起双臂松无滞，调和呼吸守丹田。

寓意对手取外线，立肘上掤沾其腕。

雕弓直放转腰斜，双风贯耳收效难。

第1式　揽雀尾

太极拳中将敌人手臂比作雀鸟的头尾，用双手持取雀头雀尾，并随其旋转上下，因名为揽雀尾。所谓上步揽雀尾的意义与动作和揽雀尾相同，只是开始时向前迈出一步，取积极进攻的意思。太极拳术中极其重视揽雀尾，认为它是体用兼备的招法，必须精练纯熟。但在太极拳中只有右揽雀尾式，而无左式。因此，凡左手在前被人捋住时，则采用穿掌的方法，将右手送于左手背之上，或直奔对方面门，或作锁喉，对方必弃左手而捋右手，从而下面即可接右揽雀尾式。

揽雀尾要求头顶正直，上身平准，左手中指放在右掌根大陵穴上，双臂各含掤劲而成圆环，在腰的主宰下，身手胯腿动作一致。运动时，此式承接太极起势，向前伸腿，重心全部由右腿支撑，左臂弯曲而不失掤劲，并以腰为轴作逆时针转动，右手扶于左腕间成挤式（图1-4）；或此式承接搬拦捶等右手在前的动作，都要首先动腰。腰手前进时，右手掌心向上而左手手背向上，在腰胯的推动下直线向前（图1-5）；腰手后退时，双掌翻转，右手背向上，左手掌向上，在腰胯的牵动下，双掌向后作圆弧（图 1-6）。

此时，右掌向右后方移动，并沉肩坠肘，转腰坐胯，改换重心于右腿，气沉丹田，称为将式。随后含胸拔背，双掌自右移左，上下翻转变化，再作吸气。掌劲向下并向自己的方向称为按，要求圆活利落。双掌在身体左侧再向前进时，腰腿臂膊一齐动作并呼气，又成掤劲（图 1-7）。这样，完成揽雀尾式的第一个圆圈。接着双手进至身体正前方（图 1-8），随即坐腰松胯并立肘，用肘法击人（图 1-9），再将掌击出，完成第二个圆圈，并使右手撮勾接单鞭（图 1-10）。

图 1-4　揽雀尾（一）

图 1-5　揽雀尾（二）

图 1-6　揽雀尾（三）

图 1-7　揽雀尾（四）

图 1-8　揽雀尾（五）

图 1-9　揽雀尾（六）

图 1-10　揽雀尾（七）

刘晚苍传内家功夫与手抄老谱

由此可见，揽雀尾式的两个圆圈中贯彻了掤、捋、挤、按、肘等多种手法，要求手臂作圆弧运动，而又包含着圆弧和直线的转换，确实是体用兼备的重要招法。

揽雀尾式本身还是解腕术或拿法。设右腕被敌人握住，我即用左手指扶其手背，如持雀头，双手在腰劲推动下直进作掤。敌方如不松手，我即沉肩坠肘，拧腰坐胯，翻转两掌，既作捋手，又可反握敌腕。如敌仍坚持不放，我则含胸拔背，用按法将手从右侧移向身体左侧，使敌腕受制，而我更能用腰臂的横向掤劲向前直放，也可用肩胛敲击对方。

作为击法，揽雀尾的第一个圆圈中，掤手直奔对方咽喉或面部，气势锐厉，有如捌掌；第二个圆圈中，用肘直击对方前胸，右掌更连击敌面。此处立肘击人为整个太极拳术中肘法的基础。

此式圆活轻稳，精致细腻，变换多端，对于腰、胯、胸、背、腕都作松活柔韧的锻炼，而始终保持百会至会阴成直线贯通，脊骨中正；手臂直进向前为呼，后退作弧为吸，使动作呼吸在意识的引导下紧密配合，既能揽化而缓却对方前进之力，随即乘势抛掷敌人，又极有益于身体。

揽雀尾式体用全，掤捋挤按包罗遍。

手持头尾身腰整，剪取敌腕阴阳间。

双环螺旋化直线，侧捋外挤复可按。

风云变幻随猜测，隐有右肘连击腕。

第2式 单鞭

拳术中将手臂击人称为鞭。单鞭是单手作鞭击，双鞭是双手左右分击，同时都弯曲双膝作骑马式，正而不偏。斜单鞭表示其方位为斜角的单鞭式。

此式上接揽雀尾式中肘掌连击之后，右手撮勾，五指下垂，眼光注视左掌心，用意识导引右臂的劲力，通过右边的腕肘肩背，再过左边的肩肘腕，达到左掌，使左掌平铺直立，掌心吐劲。同时在腰裆的作用下，取中定姿势，五趾抓地，使左右平衡，头顶正直，下颌内收，目光前视，气沉丹田（图1-11、图1-12）。此动作中劲力在腰的作用下，如车夫持鞭左右摇摆往还，称为通臂劲。其关键在于

图1-11　单鞭（一）　　图1-12　单鞭（二）

两肩关节要松开，全身放松。

　　单鞭在击技中，右手撮勾主要是用腕力，既能击打人面，又能有钩挂作用。如敌用劲顶撞，立腕即可击发。但发人时，必须用丹田发出的劲力，由腰动而膀腕随进，全身完整。左手自右经面前向左移动，有翻砍的作用，而立肘含掤劲，既能在滚臂中运化敌劲，用掌击人，又能进身用肘击人。左手经过面部中线时，呼吸逐渐由吸转入呼，全身松净，气沉丹田，严密地与击人配合。

　　单鞭以脊椎为中轴，用腰劲自右向左转动，既活动腰背和四肢，使气下沉，又通过腰部左右摇摆，活泼脊椎神经，充实腰裆劲力，训练身体平衡。

　　单鞭正斜右撮勾，顶抗应施腕和肘。

　　通臂内劲意导引，目视掌心掤到头。

　　平衡身法轻松稳，采捌肘靠应追求。

　　双鞭左右作分击，砍削抓勾有自由。

第3式　提手上势

　　拳术中将向上提物的劲力称为提。提手上势取意于顶劲上提，身形向上伸长升起，而腰腿随之向上并转腰，以练习脊骨的伸缩和转动的能

图 1-13　提手上势（一）　图 1-14　提手上势（二）

力，增加肩肘腕膝等关节的灵活程度。

提手上势可分解为两个动作：首先是提手为合，其次是上势为开。由于单鞭使胸前全部暴露，敌人得乘机用拳正面进攻。此时，我应立即含胸拔背，沉气坐身，用左腿支持全身重量（为实），右腿为虚，双手分别拿取敌腕和肘，如怀抱琵琶（图1-13）。如敌避免遭受擒拿而将拳后撤，我则立即伸长身形，将重心移至前腿，左手扶右臂内侧作挤（图1-14）。

对方如果避免为我挤出，而用按法或加大劲力向下，我则腰向右转，身形有如螺旋，小臂作逆时针滚动，使对方劲力失去着力点而落空。此时对方身体势必腾虚，脚跟离地，我则左手自上而下直抹对方胸部，破坏其平衡。上式也可以采用掤劲，化解敌人的进攻。右臂随我伸长身形，重心前移之际，向右转腰并立右肘，使小臂作顺时针滚动，化解对方劲力，使其重心浮起。我如再向左转腰，臂肘又作逆时针滚动，则可发放对方。提手上势的关键在于伸长身形而转腰，因而，必须气沉丹田，躯体平正，双肩松开。这样能对腰腿的变化、掌臂的敏感及滚卷，尤其是脊椎的伸缩旋转进行锻炼。

提手上势长身形，含胸拔背把敌应。

脊椎伸展顶虚领，腰腹松净肩膝灵。

臂有掤劲能滚卷，提手锁喉意最凶。

气沉丹田身平正，按挤随机腰胯拧。

第 4 式　白鹤亮翅

拳术中，将两臂左右对称分展，身脊中直，面向正前，形如鸟翼，称为白鹤亮翅；否则两手一上一下，两臂不对称，身体略作扭斜者，称为展翅。

拳架中，白鹤亮翅承接提手上势，两手一上一下，两臂作弧形而含捌劲（图1-15），弯腰前躬，使两手并齐（图1-16），向左侧转；目光随左手虎口转动，如挑重物向上，腰身随而扭转，直到左右两手在身体左上方相遇（图1-17），转腰移正后，十指相对，掌心向外（图1-18）；然后利用胁胛扣合之力，双掌画球，使十指向上，掌心向内，两肘直立，身形随手势下落而逐渐屈膝半蹲，目视掌心（图1-19）。

图1-15　白鹤亮翅（一）　图1-16　白鹤亮翅（二）

图1-17　白鹤亮翅（三）　图1-18　白鹤亮翅（四）　图1-19　白鹤亮翅（五）

在白鹤亮翅中，以背为枢纽，以肩肋开合带动手臂运动，对于胸背肋腹的锻炼有极好的作用，又对呼吸行气、内劲运转有很大的作用。开为呼，合为吸。呼气时，内劲要自腰脊直贯手指脚趾；吸气时，内劲要由手指脚趾返回腰脊，使呼吸有序，开合有致。腹背胸胁的伸缩，腰脊的扭转，呼吸的深缓细长，都有益于身体健康。

白鹤亮翅或展翅，都不能使两臂失去掤劲。敌方从上用急拳进攻，而我躲闪不及时，可用白鹤亮翅托采敌臂，转腰化其攻势，并顺其劲力方向滚卷小臂，使对方向旁侧落空。在此式中，双肘随双手画球后直立，是用肘法进攻；如敌方用手扶我两肘，我则得用手背前击。此时进步即如封似闭式。

白鹤亮翅展两臂，凤凰振翼伸屈奇。

虚实自然深呼吸，缠绕四梢守中气。

高处拳掌攻势急，托采敌臂旁侧击。

双肘直立合寓开，进步双掌门封闭。

第5式　搂膝拗步

拳术中将手横过膝盖称为搂膝，是破敌进攻下路的方法。将进右足伸右手或进左足伸左手，称为顺步，而将进右足伸左手，或进左足伸右手，称为拗步。顺步取意于进攻，另半边必须跟上；拗步须动腰才有利于平衡。

搂膝拗步分为左右两式。左搂膝拗步以左手搂膝，拿取敌腿，转移对方的进攻，而右手同时向敌进击（图1-20、图1-21）。右搂膝拗步则对称而相反，意义与作用也完全相同（图1-22）。

拳架对搂膝拗步有多种要求。首先，头部必须保持虚领上顶，下颌内含，脊椎竖直中正；其次，两脚必须虚实分明，足坚而稳，膝屈而伸，迈步有如猫行；最后，前手自耳际出发，手指微屈而指向前方，后手横过膝前，均在腰脊劲力作用下循弧线行进，小臂随掌的屈伸而微作转动。

图 1-20　搂膝拗步（一）　图 1-21　搂膝拗步（二）　图 1-22　搂膝拗步（三）

定式时，腕肘要下沉，手指伸张，前掌直立，掌心吐力，而目光透过中指前视；后掌于搂膝后停于胯侧，应有按劲；气沉丹田，腰裆扣合，前腿弓而后腿蹬直，十趾抓地，严格保持内外三合，达到八面支撑，而又能八面转换。运动中要灵动活泼，松净无滞，静止时要端庄稳健，劲力贯于四梢；换式时应似停非停，前掌前伸，后掌上提，上下相随，协调匀称，吸气而变换重心，以接下式。

此式两手运动路线为椭圆，腕随掌转，膀肘又随腕掌转，在滚卷中前进。而所有这些螺旋转动都必须在腰脊的主宰下相互协调配合，并使内劲向前缠绕，全神贯注。螺旋运动对两臂肌肉群，以及腕、肘、肩诸关节都有良好的作用，而单腿屈膝立地更能增强腿力。迈左步时，左胯上抽，用右胯托起左胯；迈右步时，右胯上抽，用左胯托起右胯，保持尾闾正中，并用意识引导腰脊作伸缩，以为进退。经常作搂膝拗步，对脊椎神经极为有益，不仅能促进神经系统的新陈代谢，增强身体的锐敏程度，而且也加强腰肾功能。

左手下搂右膝前，右手直攻敌胸肩。

进步左右应贯串，相随上下有变换。

支撑八面守三合，运行两臂依椭圆。

脊骨中正里裆劲，呼吸丹田劲力现。

第6式 怀抱琵琶

拳术中将两手相抱，掌向里扣，比作抱琵琶；而以手指抚弦，称为怀抱琵琶；将两手一前一后同时向斜前方推出，称为手挥琵琶。

图1-23 怀抱琵琶（一） 图1-24 怀抱琵琶（二）

在太极拳架中，怀抱琵琶承接搂膝拗步。由于搂膝拗步右手在前而左掌下按，以致左前方有空档，敌人乘隙前击，我则顺应其攻中路之势，含胸拔背，重心后移，同时一手取敌腕，一手抚敌肘（图1-23），用腰劲使两手分别向内作圆形扣合，拧转敌人小臂，使其肘关节如杠杆的支点，支持其全身重量，从而不得不受制于我（图1-24）。

此时，如果对方身体腾起，脚跟离地，则可顺其力转腰，向我斜后方发放；如果对方受制而挣扎后退，我则弓腿向前，五趾抓地，用腰脊力向前将敌发出。但是，拳架中对左搂膝拗步却无相应的怀抱琵琶。这倒不是不需要，而是因为只要理解了怀抱琵琶的作用，养成条件反射，只要敌人从右前方进攻，我则能换手应用。其实，敌人用拳击我胸部，而沾及我时，单手亦可作怀抱琵琶。此式的关键在于动腰。腰不动，使再大的力气，也不会收到预期的效果。

怀抱琵琶如抚弦，两手运行皆作圆。

腰脊内劲贯双掌，擒取敌臂杠杆悬。

胸间运化松且黏，手持腕肘转螺旋。

擎起敌身趾抓地，合开吞吐瞬息间。

第7式　搬拦捶

搬是搬移，拦是拦阻。搬拦捶是用手搬移敌拳，加以拦阻，并用拳进击敌人。此式为太极五捶之一，在太极拳法先化后打的原则下，具有强烈的进攻能力。

搬拦与捶击是在腰劲主宰下，双手循圆弧路线化除敌人直进的拳击，而右拳作螺旋缠绕向敌人进击和发放。搬劲是明显的横劲，双手掌心向左前方推出，也称手挥琵琶，要弓屈前腿，蹬直后腿，用腰劲向前面和双手的动作协调配合（图1-25）。拦劲是暗藏的捋劲，同时也是拿法，要求含胸拔背、沉肩坠肘、坐腰拧胯，是敌人抗拒我搬劲时，顺其势所做的怀抱琵琶（图1-26）。这样，既能将敌捋出，又可擒取敌臂。如果对方退身而避免受捋或遭擒拿，我则顺其势正身拧胯，将拦时所蓄腰脊的劲力一呼而出，迅猛地用拳直击（图1-27）。

搬劲向斜前方，在击法中也可作为砍来看待，行气应为呼；拦劲向侧后方，是化劲时的拿法，应吸气以使敌进而我愈深，造成对方身体腾虚；捶击时腰劲贯于右拳，直线向敌，既可击人，又能发人，必须由吸气转化为呼气。由此可见，搬拦捶是圆柔和直刚的结合，它不丢不顶，顺应自然，因势利导，体现出太极拳术柔中寓刚、绵里藏针的击技原则。

整个搬拦捶式的动作，使手、腕、臂、膊、肩、胸、腰、胯、腿都

图1-25　搬拦捶（一）　　图1-26　搬拦捶（二）　　图1-27　搬拦捶（三）

作各种圆形运动，柔韧而灵动，脊椎则旋曲进退，不仅有益于全身肌肉群的活动，而且对脊椎神经和脏腑也大有裨益，从而能够促进消化、循环和排泄。当然，进行此式时，必须严格保持尾闾正中，注意松肩拧胯，转换两个腰眼；切忌身体前倾侧斜而失去重心；又必须刻刻用意，并使呼吸和动作协调。

搬拦捶除定步之外，还有进步搬拦捶和卸步搬拦捶之分。进步，即向前上步；卸步却不是退步，而是向后侧方撤步。这里有步法的训练，还有防守和退却中反攻的训练。进步搬拦捶是先搬拦敌拳，再进攻；卸步搬拦捶是在撤步中搬拦敌拳，使其落空，有如大型的捋手，也称杨式大捋，是杨式太极拳术中活步推手的基本方式。

搬拦敌手再用拳，太极五捶此为先。

左搬明运右拦蓄，正身裹腾松两肩。

发劲须用腰脊力，拳捶直进雷电闪。

卸步旁移上步前，搬拦捶法重心端。

第8式　如封似闭

封是封锁，闭是前进以逼敌。如封似闭是用门的开合来象征封锁敌手并进而攻敌的招法。开是向内化敌攻势，同时蓄劲准备反攻，因而要求前腿虚，后腿实，坐腰吸气，含胸拔背，松肩沉肘。合是向外推人，将所蓄劲力向前发放，转守为攻，从而要求身法平正而收敛，两肩平顺，含胸拔背，弓腿拧胯，脚趾抓地，两臂前伸。劲力要由脚、腿、腰直贯两臂、双掌，一呼即出，不得间断。因此，封是开，闭是合，一开一合，一蓄一发，先化后打。化敌劲力使之落空时，我即打之。双掌进攻，须待敌反应，要求在敌呼吸使气上浮时发劲。

在拳架中，如封似闭承接搬拦捶。此捶击出之后，敌人握住我上膊或小臂，我即将左手自右臂膊下插出，同时并步吸气，含胸拔背并坐腰胯，以擒拿对方手腕（图1-28），再进步为封（图1-29），使敌腾起。

图 1-28　如封似闭（一）　图 1-29　如封似闭（二）

敌如退避，我即顺势前发为闭。敌如顽抗，我则滚卷双臂使其劲力落空，而后发放；或者滚卷右臂，而左手握拳进击。因此，如封似闭包含有击法、拿法和发人法。

从上述动作可以看出，如封似闭是又一种步法的训练，而且对胸背、四肢都进行一次开合的运动。此动作的关键在腰，含胸拔背的同时，要有腰动，双掌前推要用腰脊之力。因此，它是以运动腰脊、锻炼脊椎神经、畅通任督二脉为主的全身运动。

如封似闭象开合，封取固蓄闭直攻。

腹净气沉肩肘松，腰腿臂掌进如风。

封有拿法取敌腕，攻寓听劲待敌应。

直进身正劲力整，查其动向顺其行。

第9式　抱虎归山

太极拳将身形后撤并用横劲转体，称为抱虎归山。此式上承如封似闭，在双掌前按的同时伸腰撤步（图1-30），伏身形右脚落地后，即用腰臂横劲移动，重心移至右腿，右膝用力将身体站稳立直（图1-31）。

抱虎归山是在进攻中做好防御的准备，并在防御时转入进攻的招法。敌方向我的进攻作反击时，我即向后直撤，使自己的重心转移，两臂用

图 1-30　抱虎归山（一）　　　　　　图 1-31　抱虎归山（二）

掤劲向我身体右侧引敌劲力，我则能用捋劲以对，或者及时地变为打虎式，反守为攻。两臂必须保持掤劲，否则即不能有所变化。

此式在退守过程中，左腿立地保持身体平衡，两手两臂向前伸张，而右腿向后伸张，使手臂、躯干、右腿在一条直线上，腰脊在缓缓呼气中得到最大的伸展。右脚落地后，即由后撤转入横移，要在腰胯劲力的作用下，使重心自左腿逐渐地移至右腿。右腿站实后，才使身体立直。横移的过程中，要吸气入丹田，虚领顶劲，含胸拔背，两臂含有掤劲。

抱虎归山撤身形，前进后退宜相应。

脊柱伸展腰腹松，重心转换步作营。

进攻须防平衡失，退守切忌腰裆迟。

直撤横掤化为捋，因敌前进打虎式。

第10式　十字手

太极拳将两手相搭于胸前，形状如十字，称为十字手。此式在拳架中承接抱虎归山，当身形后撤，右膝用力站直后并步，两手在身前划大圆弧（图 1-32），两臂滚卷，在胸前交叉（图 1-33），并顺势逐渐屈膝矮身形，以接下式。

此项动作使两臂腰腿的屈伸与呼吸配合协调，能增大肺活量，训练

图 1-32 十字手（一）　　图 1-33 十字手（二）

腰脊的横劲，而两臂自始至终含有掤劲，头部虚领上顶，下颌内含，意守丹田，虚实分明，既可作为拳式间连接贯串之用，又可作多种防御和进攻的变化。

　　腕臂十字相互搭，腰为中轴寓捋法。

　　脊背屈伸臂掤滚，虚顶含胸多变化。

　　卸身护膝防攻下，取腿进步疾飞斜。

　　十字分单作劈打，双掌前按把敌发。

第 11 式　左顾右盼

　　顾盼本来是目光流露，而在太极拳法中有时却将它作为步法来对待。左顾右盼作为拳式名称，是指向左与向右的搂膝拗步。有人将此式也称为抱虎归山，是把敌人比拟为虎，如往怀中搂抱，必须立即迅疾推掷出去的意思。

　　太极拳行功走架时，通常起势的方位是背北面南左东右西。左顾的方向是东南，而右盼的方向是西北。左顾时，左手搂膝挪移敌腿，右手向敌进击，直奔左前方斜角（图 1-34）。如敌用力抗拒，以免受我擒拿，或揽抱而劲力指向我身体时，我则必须立即含胸拔背，以脊椎为枢纽，重心移于左腿，转腰拧胯，顺敌动向，用力前推，掌心吐劲，完成指向西北方斜角的右盼（图 1-35、图 1-36）。

图 1-34　左顾右盼（一）　图 1-35 左顾右盼（二）　图 1-36 左顾右盼（三）

拳架中，左顾右盼的两臂运行路线为双圆，手身与步法必须协调一致，以腰为主轴做全身运动。左顾与右盼中间的衔接处，转腰拧胯、含胸拔背，必须干净利落、精神贯注，于轻捷中表现机警灵动。此时，既要虚领顶劲，又要呼吸转换，上下轻灵。以腰脊运动肩背，用腰胯转移重心，对于腰肾的锻炼极为有益。

搂膝拗步顾盼间，两臂运行成双圆。

含胸拔背腰脊力，转身蓄劲发向前。

右手抱搂左手掤，乘势进掌复可按。

机灵于顶神通臂，右脚外挪可推山。

第 12 式　肘底看捶

看有看守的意思。将右拳放在左肘尖下，看守对方而待动，称为肘底看捶。此式也称叶底藏花，是将左肘直立，左掌上托比拟为叶，而将右拳置于左肘底，比拟为花。肘底看捶是太极五捶之一，具有极强烈的进攻性质。

动作中，肘底看捶采用三角步法，由面向西南的斜单鞭，移动右腿，使身体转动 135°，面向正东（图 1-37、图 1-38）。随即耸身向前，松肩垂肘，双手分别划圆，臂膊滚卷，在腰劲主宰下，含胸拔背，立肘藏拳，而将全身重量寄于右腿，弯曲坐实，左脚为虚（图 1-39）。

图 1-37　肘底看捶（一）　图 1-38　肘底看捶（二）　图 1-39　肘底看捶（三）

在此拳式中，神情自若，态度自然，上下相随，完整贯串，除定式外，无丝毫停顿间断。从而能圆活地运动腕、肘、肩、腰、胯、膝诸关节和胸背的肌肉群，同时，轻匀地呼吸行气并随着胸背的开合而深长缓细，增强肺活量。

肘底看捶必须能够八面转换，才能发挥其强烈的击技能力。在身形转动后，双手分别所划的圆弧是转化敌人进攻的措施。由于身体转动，使身后之敌出现于我的前方，用右臂防范其从右前方的进攻，用左臂与敌接触，沾接后，即立肘外掤，小臂外滚，化却敌力。自内下向外上立肘，是取最短的路径，并可用肘法进攻，又能拧腰扣裆用右拳作捶击。因此，肘底看捶既是击人法，也是发人法。

肘底看捶叶底花，移步转身三角法。

两臂分作圆护顶，立肘巧妙敌拳化。

左肘花叶不是守，拧腰进击须合胯。

开合宜用深呼吸，太极捶肘把人发。

第 13 式　倒撵猴

拳术中将退步过程中腰胯向后的移动称为撵劲。将敌人比拟为猴，我引猴前扑，而退步撒手转移其进攻之势，同时又以手击其头部，称为倒撵猴。

在太极拳架中，倒撵猴式承接肘底看捶或金鸡独立。抬左腿，右手横劲搬移敌拳，在后退中，腰胯向后移动（图1-40），左脚落地踏实，并由虚变实，同时进左掌击敌头部（图1-41）。右倒撵猴与上述动作对称（图1-42）。

此式后退的距离必须恰当。对方进多少，我退多少，既不能多，也不能少。退步时，身体须保持正直，虚领顶劲，既不能前倾，也不得歪斜。脚落地后，即应塌腰坐胯，轻灵无滞，松净平稳。

倒撵猴式既是防御，又是进攻；既是击法，又是发人法。在腰胯向后用撵劲移动时，敌方前击之势落空或臂膊受我拿制，都将使身体滞重或腾虚，我利用此机会进攻，一般能发放成功。倒撵猴与搂膝拗步，除进退方向相反和所施劲力不同之外，其他均相同，因此，生理保健的功效也是相同的。

倒撵猴式守中攻，搂膝拗步倒退行。

猴儿遇人向前扑，撒手闪卸闭其锋。

后退避化不完整，同时前按头颏胸。

塌腰坐势轻与松，身体正直忌前倾。

图1-40 倒撵猴（一）　　图1-41 倒撵猴（二）　　图1-42 倒撵猴（三）

第14式　斜飞势

在太极拳套中，斜飞势是将自己比喻为鸟，两臂斜展，有如鸟张翅而飞。

此式上接倒撵猴，取意于敌以右手击我，而我用左手侧捋使其劲力落空，身体前倾；敌方为了避免扑倒，

图1-43　斜飞势（一）　　图1-44　斜飞势（二）

势必后退思脱，我则得机而因其动向，用左手穿其右腋下，往斜侧掷发。因此，斜飞势中，两臂须按逆时针方向做大圆，用腰劲进左步，以左臂向斜侧伸出（图1-43、图1-44）。

全式舒展大方，转换绵密，既有肩背脊腰的伸缩，又应滚卷小臂而舒腕掌。定式时，身体虽在偏斜之中，而顶劲不可失，左右劲力应相称。因此，常练此式，能够增强腕臂膂力，并结合呼吸屈伸，训练肩胛的靠劲。

但是，在我双臂作圆时，敌人不用右手击我，而用左手进攻，我如不能根据情况具体处理，仍继续向左作斜飞势，则必将出现形而上学的错误。对此，应右臂立肘，承接对方的劲力，化而发之，或使右小臂在滚动中以肘为轴，向下作逆时针转动，既化除对方劲力，更直出腕臂而击敌胸。此右侧的斜飞势是太极拳术中的又一种肘法。

中正之偏翼斜飞，腰脊伸缩手足随。

头顶用意有转换，劲力连绵腕骨现。

因敌退避展翅追，横插腋下掷与推。

右式立肘可进攻，肘转腕走疾如风。

第15式　海底针

图 1-45　海底针

拳术中，将以手指直督向下称为海底针。

此式上接斜飞势，敌人握我右腕而前进时，我则左掌自下循弧线向前停留于胸前，同时右掌自前方循弧线向后直督向下，劲力贯于指端（图1-45）。

海底针中，两手运行路线均为立圆，是在右手引敌前进过程中，乘其力松懈而向下点刺。点刺时，重心落于右腿，弯曲坐实，左腿为虚，脚尖立地，准备敌进而踢。此时，身体必须平正不屈，头部端正而不得低俯。从而能够锻炼脊骨与膝关节的伸缩，使督脉膨凸，气沉丹田。

此式还有俯之弥深的意思，寓有向下的拿法。左手扶敌肘而劲力向后，右手取敌腕向前，擒拿敌臂，造成对方身体倾斜而受制于我。

海底点刺指如针，直督向下俯弥深。

头正颈直不可低，坐身平准脊骨伸。

掌行立圆目凝神，劲力贯注指端沉。

化却敌劲复有拿，转腰肘进侧发人。

第16式　扇通背

太极拳套中，将自己的脊背比作扇轴，将两臂看成扇辐，在腰脊的作用下，两臂横侧分张，有如折扇张开，称为扇通背（图1-46）。

此处，通背指的是引导脊背的劲力贯通于两臂。右手在顶上眉际，腕臂须作逆时针滚卷，以化敌进攻上部之力。敌受化劲而身体腾虚时，我腕臂则应再作顺时针逆转，发放敌人。如果我更用腰脊之力推动左掌配合前击，则必将具有更大的攻击作用。

扇通背也可作击法使用。右手持敌右臂，而左掌直奔敌肋，如张弓放箭，一呼即出。其关键在于手足劲力要在腰脊主宰之下，周身完整，突然爆发。

此式步法取骑马蹲裆式，重心落于两脚中间，头领顶劲，下颏内含，沉腰坐胯，呼气发自丹田。这样能够训练腿力和肩脊的横劲。

图 1-46　扇通背

两臂分张如扇开，脊骨内劲通背来。

头虚上顶颏下含，身体舒顺神安泰。

左手翻转掳敌腕，转腰背剑全力摔。

右掌横直猛攻肋，张弓放箭莫徘徊。

第 17 式　撇身捶

撇身之后，用拳进击，称为撇身捶。此式是太极五捶之一，既能击人，又能发人，具有强烈的击技作用。

所谓撇身，是以腰为转折，使臂膊用横劲作圆弧，肘尖向后下方，上膊夹于肋旁，后腿坐实（图 1-47）。

这样，以腰脊为枢纽运动手足作击法，是很明显的。撇身捶击人时，后腿要伸直，前腿弓屈，脚趾抓地，用腰劲使右拳一呼即击。左臂保持掤劲，左掌前伸，既能进击人胸，又能搬移对方直攻劲力，为右拳进击创造条件。此外，在右拳出击的同时，还可以抬左腿前踢；上下同时动作，能够提高命中率。

撇身捶的应用并不仅限于击法。在扇通背式中，如对方用手加力于我肘部，我即转腰坐胯，沉肩坠肘，完成撇身动作，同时用肘尖向后沉滞，可将对方身体掀起，脚根自断，而我

图 1-47　撇身捶

又蓄劲用左掌进击。如敌欲退避，我则立即将右拳跟进，将敌放出。这是在太极拳术中肘法的另一种应用。一般地说，在撇身捶中，只要右肘能用沉劲将对方逮住，则能将对方发出。右臂所做的横圆运动，则是既避敌锋又采敌臂的动作，其关键在腰劲的应用。

长期练习撇身捶，不仅能增强腰臂的横劲，还可以使身体轻灵活泼，变化自如。

撇身捶法避敌锋，扭项回头用力攻。

腰作转折脊为轴，手腿横劲自轻灵。

右拳圆转采敌臂，左掌迎面进如风。

太极一捶击与发，因敌动向变化中。

第18式　云手

两手在腰脊转动的带动下，分别做上下左右的回旋盘绕，如行云流水，称为云手。此式是全身动作，对于保健和击技的意义都很大。在太极拳架中，它和揽雀尾一样，都极考究，也极严密。

云手动作，头宜正直，虚领顶劲，下颌内含，目光平视前手掌心，精神内敛；沉肩坠肘，胸收脊拔，腹部松净，呼吸深匀；吊裆裹臀，两腿微屈，脚力上提；两手分别作左右上下的盘旋，小臂自内向外滚卷，配合腰为主轴的转动，并与腹式深呼吸紧密协调，上下相随，内外结合，轻慢圆匀，左右回绕，八面支撑，八面转换。

云手中，在腰脊的转动下，右手从左端运行到右端，小臂向右外滚卷到头，手掌舒张，五指伸直，重心自左腿移至右腿，呼尽腹气（图1-48）。右手在右端尽处应稍有停顿，掌心吐力，而此时左手自下移到面前，掌心向内，贯彻似停非停的原则。左掌自右向左运行，和右手一样，完全是在腰脊的转动下进行的（图1-49）。在腰脊平转快要结束时，左臂和右臂同时开始动作，左臂、腕、掌向外转动，右手横过膝前，重心自右腿转移到左腿（图1-50）。此处腰的左旋右转，达到180°即合乎要

图 1-48　云手（一）　　　图 1-49　云手（二）　　　图 1-50　云手（三）

求，但是，为增加腰部旋转的幅度，也可以转动 225° 或 270°。

　　在云手动作中，除定步云手之外，还有步法的变换移动。一般地说，可以在左手运行到尽头时并右脚，右手运行到尽头时开左步。但也可以随左手的开始运行变左步，随右手的开始运行变右步。不论采取哪一种方案，都必须使动作上下左右协调，并与呼吸紧密配合。

　　云手对于身体的锻炼是全面的。在运动中，取意于静，意念集中，思想恬静，精神内敛，神态悠然舒展，使大脑皮层的兴奋和抑制得到适当的调节，是对中枢神经系统极好的锻炼。在意识的引导下，动作和行气相结合，呼吸深长缓细而有节奏地鼓荡腹部，有助于增大肺活量，为肌体提供充分的氧气，又使横膈膜对脏腑做轻微的按摩。全部动作中，上起百会，下至会阴，自然正直，使督脉畅通；腰脊为主轴所做的平圆运动，左旋右转，既能增强脊椎的活动，又有益于中枢神经，更能促进肠胃的功能。上肢所作横立椭圆，使肌肉群圆活盘绕，血脉通畅；下肢随重心的平移，可以加强腿力。

　　云手虽然舒缓圆静，却也具有强烈的击技能力，而且对击人、拿人和发人都有所训练。两手轮流横过面前，又横过两膝，上部的手有左右砍拨的作用，下部的手是横截敌腿，而进步即成斜飞势。这都属于击人法。敌攻我右肩，我右手自左下向上横过面前，即能擒取敌臂，将人拿住。敌如不舍其臂，顺势前进，我又能立肘攻肋。但是，云手动作更重要的是对掤、捋、挤、按、采、挒、肘、靠的训练。手臂无论上行或下行，都不得失去掤劲。上臂保持一定的弧度，隐含肘法，转腰为捋，提下手前进为挤，双手放平为按；横下作采，伸掌上击成挒，进步用肩为靠。只要稍做变化，云手就能自然地表现出各种太极手法，而且变化十分丰富。因此，"进在云手"，太极拳术中将云手作为进击的主要招法。应该指出，云手中，手臂的滚卷与腰脊的转动必须紧密配合，互相协调，使身体顺整灵动，遇劲即化，化即能发，虚实开合，自然而顺遂。

双手运行云盘旋，虚领顶劲胸内含。

目视掌心神凝聚，腰脊轻旋身平转。

左砍右拨采挒肘，大圈小圈掤捋按。

太极此式极重要，虚实开合任变换。

第 19 式　高探马

将身体高耸，向前探出，有如乘马探身向前，称为高探马。此式要求上下相随，手足动作一致，含胸松肩，用腰脊之力探向斜前方。高探马有左右二式，此处仅谈其右式，因动作对称而相同，完全可作类推。

在太极拳架中，高探马承接单鞭。单鞭时，身体正前方有空当。敌人用拳直击我胸部时，我则用高探马以对。先退前步，脚尖点地为虚，重心移于后腿为实；含胸拔背以缓其攻势，并使身体略向左转，用右臂沾取敌肘腕，而用左手护右肘（图 1-51）；一经接触敌肘，立即上步使重心前移，身法高耸，向前探出，而右手以肘为轴，自下沿弧线向上，用掌直奔对方面部，称为扑面掌或挒掌（图 1-52）。如果此时伸五指或用虎口径对方咽喉奔去，也称为锁喉掌或白蛇吐信。无论是扑面掌，还是锁喉掌，都具有强烈的击技作用。敌如顺势昂首欲退，扑面掌下按，锁喉掌翻腕，都能在对方胸部发劲放敌，更可用肘直攻。但必须用腰裆劲配合方始有力。但是，如果对方用左手捉我右肘而进攻，我则应顺势坐胯，用左手扶敌手背，迅速翻滚右臂，掌腕划圆，在捋式中用手采擒敌肘（图 1-53）。此时，

图 1-51　高探马（一）　　图 1-52　高探马（二）　　图 1-53　高探马（三）

敌方肘部为我擒拿而受制，如果仍顽强抗争，我则与下式右分脚结合，用右脚直蹬敌胯。由此可见，高探马对腰脊的伸缩、手足的协同动作，有极紧密的训练，而且具有十分强烈的击技性质。

乘马探身高前耸，含胸松肩手足动。

腰脊用力目视敌，运用纯熟向胯蹬。

破敌擒拿取敌肘，扑面掌法可锁喉。

按捯力发腰裆劲，进肘直攻莫停留。

第 20 式　分腿

用脚向左右分踢，称为分腿，或起脚。既是左右分踢，则有左右二式，分别都与高探马相接。

左分腿或右分腿，全身重量都要集中于微屈的后腿（图 1-54、图 1-55），两臂左右分张，一手护脚，一手辅助平衡。分腿时，必须虚领顶劲，上身放松，随手足的伸张而将丹田之气呼出，目光要通过分踢之脚与护脚之手而前视。踢出的劲力要发自腰脊，达于脚跟。在有些太极拳架中，分腿时用点踢，使劲力贯注于脚尖脚背。在太极拳架中，重点不在踢人而在发放，要求使劲力贯注于脚跟。敌人以左手击我，我用右手向右后方作捋，敌因受捋而抽臂撤身，我则顺其势右分腿，以右手外抛

图 1-54　分腿（一）　　　图 1-55　分腿（二）

其力，用右脚前蹬其身，将敌放出。左式与右式对称而相同。

左右分腿用脚踢，劲力起源自腰脊。

脚跟直蹬尖作点，两臂水平重心低。

敌以一拳向前击，因势顺手捋小臂。

缘随后撤抛与掷，同时分腿可破敌。

第21式　转身蹬脚

左分脚踢出之后，身体随脚跟后撤而转动，立稳后再用脚跟前蹬，称为转身蹬脚。此式练习，单腿站立回旋，要求身体平衡中正，必须保

图 1-56　转身蹬脚

持顶头悬，切忌前俯后倾、左歪右斜。转动时要吸气而使身体收缩，略微含胸拔背，并使腰脊劲力，以右脚跟为轴向左转动90°；转身后，右脚掌要平铺于地，五趾用力抓地，使身体立如平准（图1-56）；再顺势蹬出，劲力由腰脊而达脚跟。此式动作取意于敌自身后击我，我即转身迎敌。转身时身法架式不能散乱，先以左手进击敌人面部，同时将全身劲力贯注于左脚跟，用力蹬出，上惊下取，必使敌扑倒。

转身蹬脚用足跟，单腿回旋站立稳。

躯体正直顶头悬，含胸提膝有精神。

敌自身后来袭击，右足平转力内蓄。

左手向前取敌面，腰脊发劲脚跟现。

第22式　进步栽捶

进步向前，同时握拳由上下击，如栽植作物状，称为进步栽捶。此式为太极五捶之一。

栽击所用之拳，拳眼可向后，亦可向前。拳眼向后直击敌胯，可使敌倒于脚前；拳眼向前直击敌腹，将使敌受斜下方的劲力而跌出。栽击时，右拳路线由上而下，使腰脊劲力贯注于拳，迅速发出。此时，必须保持百会至会阴一气贯通，最忌头顶下垂，超过足尖，影响身体平衡，失去八面支撑。全部动作都必须与呼

图1-57　进步栽捶

吸配合协调，栽击右拳时应呼气鼓腹，五趾抓地（图1-57）。

进步栽捶是设想敌人用右手搂开我左腿，而我落左腿取得身体的稳定平衡，并用左手搂开敌手，用右手进击敌人面部。敌人如以左手下搂我右手，我即顺其力而握拳，栽击其腹胯。

左腿向前右拳击，发劲须用脊背力。

由上向下如栽植，头过足尖最讳忌。

左搂敌手右击面，遭遇掤按宜握拳。

拳眼前后皆有用，太极捶法顺力行。

第22式　打虎式

一手握拳上举，拳眼向下；一手握拳下压，拳眼向内；两腿开裆如门，扭项转头，目光视敌，气象凶猛，如同打虎，称为打虎式。此式有

图 1-58　打虎式（一）　　图 1-59　打虎式（二）

左右二式，相反而相同。

打虎式中，双掌在腰劲的带动下，分别作螺旋弧线运动；两腿向后分开，重心移向后腿，气沉丹田。双手继续在腰劲的带动下握拳，拳根用力，一上一下，形成定式（图 1-58、图 1-59）。在此动作中，双手划半径不等的圆弧，由大到小；腰部做平圆运动，肘、肩、胯、膝各关节也都协调地做圆运动，身体摇曳而有节奏，但必须始终保持虚领顶劲，身法中正，腰肩松活，使胸、背、腰、脊、胯以及上下肢的关节和肌肉都在腰脊的主宰下，按螺旋弧线运动。运动必须与呼吸和意念结合，使脊椎神经与内脏都受到柔韧的锻炼。

打虎式威武凶猛，圆活刚劲，具有强烈的击技作用。双掌和腰部的螺旋回线，有曲直横竖的变化。敌人如用直拳来进攻，我可用横拳截制其腕，压其锋芒，并顺势向其顶后或面部进击。敌方如用左手击我，我又可以用右手作捋式，使其倾跌。打虎式中一腿后移，双手向后，也就是四隅推手中撤步时所做的捋手，是专门用来对付大力凶猛的攻击的。此时如敌人抗拒并后撤其臂，我则以迂为直，将回线转化为直线，乘其势而发掷，并改变虚实，进身抬腿，用脚直踢敌腹。

打虎式气象凶狠，龙门步开裆如门。

气沉丹田凝神视，两足虚实稳与准。

横拳截腕破直攻，沾黏捋化压其锋。

蓄劲充盈迅雷击，因敌抛掷加脚踢。

第24式 披身踢脚

身体向后倾斜作斜披姿势，起脚前踢，称为披身踢脚。披身时，必须以腰为枢纽而不失顶劲，否则就不能保持平衡而获得进退咸宜的有利形势（图1-60、图1-61）。

图1-60 披身踢脚（一） 图1-61 披身踢脚（二）

此式的应用在于敌人以右手击我，我即用左手作捋。敌人受捋虽回撤，而又反击我头部。在此情况下，我必须立即用手外掷其臂，身体斜披，并乘其身体后倾，提右足踢其左肋。因此，披身踢脚是退中寓攻的招法，既能击敌，又能将敌人发出。

身体后倾作斜披，提膝起脚向前踢。

披身须以腰为轴，进退咸宜可待敌。

尖点跟蹬目凝神，劲力雄浑泰山稳。

敌进须用脚尖点，敌退发放用脚跟。

第25式 双风贯耳

两拳由两侧取外线对击敌人两耳，其迅速有如风行，称为双风贯耳。

在此式中，两拳和两臂的运行路线各为半个圆弧，自下而上合成一个整圆。运动时，要求保持顶劲，而胸背含拔、腰裆拧扣，应与小臂的滚卷和两拳的运行协调一致；上肢不得僵硬，肩胛松开，以破敌方用双手直击我前胸，而我能用一双拳进击敌人耳门。为此，在双风贯耳式中，常加一捯膝动作，用两手背向下在前腿膝部挥动作响，以分散敌方

图 1-62 双风贯耳

的注意力，下扰上取，然后急奔对方耳门（图 1-62）。

应该指出，耳门是人体的要害部位之一，受击后容易发生晕倒现象。因此，此式往往被认为属黑手，在友谊比赛中，无论如何不能使用。太极起势可破双风贯耳。

拳行外线取耳门，敏捷如风使人昏。

身腿一致臂作圆，头正胸含目有神。

掸膝拨开直攻手，分散注意翻腕击。

遇紧防下皆适宜，但需受敌情况急。

第 26 式　二起脚

屈腿下蹲，使全身含蓄（图 1-63），然后伸长身形蹬出左脚（图 1-64），随左脚下落而转身 360°，左脚落于左前方（图 1-65、图 1-66），然后再起右脚前蹬（图 1-67），称为二起脚。由于左右两脚连续蹬踢，一环紧扣一环，所以也称为鸳鸯脚。

此式身体含蓄下蹲，含胸拔背，双肘直立，握拳而拳眼向外，目光视敌。将左脚踢出，劲贯脚跟，全身舒展、转身时，仍须保持顶劲虚悬，

图 1-63　二起脚（一）　　图 1-64　二起脚（二）

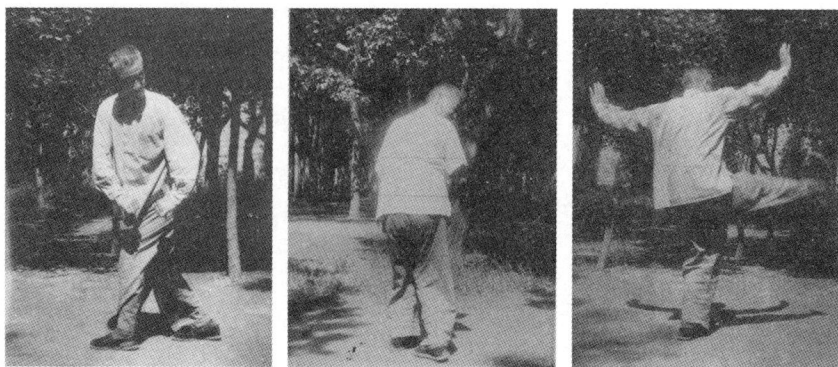

图 1-65 二起脚（三）　　图 1-66 二起脚（四）　　图 1-67 二起脚（五）

身法中正。转身动作即蓄劲过程，劲力发自脊背，随右腿蹬出，再贯注于脚跟，抖丹田气，一呼即出。两腿起落应迅速利落，亦可做敏捷的纵跳。但必须使气下沉而不上浮，身体正直而又稳固，轻灵活泼。此式虽要转身，但目光却应始终注视敌人。

敌人以左手击我，我则以右手向侧后方作捋，敌如后撤其身，我则顺其劲力以左脚蹬踢，即一起脚；敌如以左手搂我左腿，我则将左腿下落，用右手向左前方抛开敌臂，并迅速转体，而以右足平蹬其肋，使敌扑倒，完成二起脚。

拧腰抬腿向前踢，丹田劲力贯脚底。

右腿微屈顶脊正，转身蓄势脚再起。

鸳鸯腿法二起脚，顺势转身灵意巧。

手脚齐动目有神，沾随招劲可发人。

第 27 式　野马分鬃

身体舒展，两手左右，一上一下，气势矫健，有如奔马疾驰，头鬃分张，称为野马分鬃，并有左右二式。

此式动作的关键在于腰胯。右野马分鬃，拧身扣合，含胸拔背，沉腰坐胯，可成怀抱琵琶；进腰则开，两臂斜劲分张，一呼即有，可将人发出，或致旋转，但手步开合必须与腰胯拧扣协调一致、完整一气（图1-68~图1-71）。左野马分鬃的动作与右式相同而方向相反。

此式要求虚领顶劲，全身在腰胯作用下，舒展矫健，自然活泼，对于腰脊锻炼、肩臂活动，都有很大好处；结合腹式深呼吸和意识引导，极有益于神经系统和脏腑。

野马分鬃经常在打手中应用，因为它包含有多种拿人与发人之法，极为灵动。敌用手击我，我用怀抱琵琶横采其臂。敌如后抽其臂，以避免扑倒，我则顺其势而擒取其臂，用小臂上挑，使其脚跟离地，身体腾虚，遂即滚卷小臂，用腰脊劲力将敌放出。或者，在擒取敌臂、小臂上挑之时，沉腰坐胯，以脊椎为轴，用腰作横劲，则可致敌旋转。如果在小臂上挑的同时，将后腿跟上一步，则将增加这种旋转的猛烈程度。在这几种野马分鬃的击技方法中，要求身体正直放松，自然而不僵硬。如果敌臂受擒而我小臂已插入敌腋下，敌人则松肩俯身，压取我臂，防止其身体旋转，我就应横肘进攻其肋，否则肘即将遭受擒拿。

图 1-68　野马分鬃（一）

野马奔腾疾如风，头鬃分披矫若龙。

腰作枢纽胯为辅，拧进开合须放松。

图 1-69　野马分鬃（二）　图 1-70　野马分鬃（三）　图 1-71　野马分鬃（四）

头用顶劲勿偏侧，全身舒展透玲珑。

臂取敌腋横肘攻，后腿进步旋转中。

第 28 式　玉女穿梭

周行四隅，连续不断，纤巧灵动，有如织锦穿梭，称为玉女穿梭，其出击方向为四个斜角。

此式在拳架中承接野马分鬃，敌人擒取我右臂，我即含胸拔背，松腰坐胯，用另一手自臂下穿出（图1-72），置于敌手所在之处，随即拧腰转胯，折住敌腕，左手沿右臂外缘前移，对方如坚持不松手，我腰裆用劲，即可发放。这是解臂受拿之法，也是擒腕之法。敌如松手后撤，我则随其势将臂下手向前作圆，在腰脊旋转中移至正前方（图1-73），用腕掌自外向内滚卷，达到眉间额际，转移对方自上而下砍击之力，使其泰山压顶式落空，身体腾虚，脚跟离地（图1-74）。此时，我被擒之手由臂到胸作圆后，直向对方胸部击出（图1-75）。

或者将滚卷的腕掌作逆向滚转，另掌辅助，先坐胯后进身，在腰裆扣合的劲力作

图1-72　玉女穿梭（一）

图1-73　玉女穿梭（二）　图1-74　玉女穿梭（三）　图1-75　玉女穿梭（四）

下，可将敌放出。这样，完成第一个玉女穿梭，其方向为西南斜角。再转身移步，将右手放于左臂下，依上述对称的方位进行第二个玉女穿梭（图1-76~图1-80），其方向为东南斜角。同样，第三个、第四个玉女穿梭分别为东北、西北方向。在走架中，经常将第二个和第三个玉女穿梭之间增加一个野马分鬃。而在第四个玉女穿梭之后，增加一个拿敌臂踩敌腿的动作（图1-81），也称抓踩，以与揽雀尾或单鞭相衔接。抓踩具有强烈的击技作用，从前大多将它看成基本功的训练内容之一，作单独的练习。

玉女穿梭忽隐忽现，连绵不断，并将拿人、击人和发人之法融贯于其中，要求不失顶劲，呼吸有致，手足动作协调而有节奏。其中拧身、

图1-76　玉女穿梭（五）图1-77　玉女穿梭（六）图1-78　玉女穿梭（七）

图1-79　玉女穿梭（八）图1-80　玉女穿梭（九）图1-81　玉女穿梭（十）

回身和转身动作都必须以腰为主轴，先动脚再动身，松活圆整，而腰肘的松活与旋滚则起重要作用。

经常练习玉女穿梭多可使胸背腰脊、两腿两手的各个关节都在圆弧动作中得到锻炼，步法灵活，身形转动利落。在虚领顶劲和意念恬静之中，结合呼吸吐纳，使神经系统和腹腔各种器官都得到运动。因此，玉女穿梭也是一个全面的有益于身体健康的拳式。

玉女穿梭四隅行，连绵不断穿梭灵。

拧身回转腰主宰，手步相随体正中。

臂受敌擒腰肩松，拿取敌腕腰肘攻。

卷掌巧卸压顶力，盘旋蓄劲直击胸。

第29式 下势

身体下降以避敌击的姿势，称为下势。

此式承接单鞭，在敌锋强劲凶猛的攻击中，我退后步，前腿伸直，后腿坐实，将身体下降，避开敌人的锋芒，静观敌变。此时，两手可下按，相抱有如琵琶式，以接金鸡独立或上步七星（图1-82）；也可以前手下按，而后手仍保持单鞭中的垂勾，准备再还原单鞭式。这两者都必须根据敌人动态的变化而做相应的处理。因为身体下伏，有俯之弥深的意思，要完全跟随敌人进攻的劲势来安排，对方如能继续前进，我则能继续下伏，而且有稍微大于对方劲势的程度。但是，下势并非完全被动挨打，也不是消极防御，相反，在下伏过程中，可作拿法如琵琶式，并储蓄劲力，随时准备反攻。因此，下势要求腿臂屈伸与身体的起落协调一致。定式时，两足要平着地面，重心落于后腿，身法保持中正安舒，八面支撑。下势的升起，应两腿用力，使脊椎逐节向前推

图1-82　下势

移，重心由后腿移至前腿，而后站立身形。这样的要求，对于脊骨的伸缩有切实的锻炼，其保健的作用是明显的。

下势避敌俯弥深，腿臂相随做屈伸。

脊骨直立不前倾，两足平铺气下沉。

双手下按抱琵琶，拿取敌臂化七星。

前掌后勾寓单鞭，静观待变蓄精神。

第30式　金鸡独立

一足立地，一足提起；一手上扬，一手下按，有如雄鸡展翅站立，称为金鸡独立。此式有左右二式。

在太极拳架中，根据金鸡独立的含义与要求，在单足站立、一足上提、两手分别上扬下按的前提下，可以有多种姿势：一种是腕根着力，臂含掤劲，胸前臂腿之间如抱圆球，既能外掤，又能蹬踢；一种是脚尖下垂，用手及小臂护耳（图1-83），臂有先化后攻的意图，足有点踢的准备。或此或彼都能保持三尖相对，又都有金鸡独立的形象，从而也都可以采用。

金鸡独立式中，全身重量集中于一条腿上，必须立身中正安舒，不得偏颇，其关键在于虚领顶劲和五趾抓地；而手足的起落，在连接动作（图1-84、图1-85）中必须协调一致，其枢纽在于腰为主宰。

图1-83　金鸡独立（一）　图1-84　金鸡独立（二）　图1-85　金鸡独立（三）

敌人如以右手击我，我以左手作捋；敌如用力上挑，我则因其力而用右手上抛其臂，同时用右膝进击其小腹，更以左手乘势直击其胸。左式可做与此对称的应用。

金鸡扬翅单足立，项松顶悬趾抓地。

稳妥正直不动摇，三尖相对守中意。

扬臂护耳向外掤，提膝复有点踢蹬。

手足相随静待变，上虚下轻卸亦攻。

第31式　白蛇吐信

进身并将手掌向正前方伸进，有如蛇信伸出，称为白蛇吐信，或锁喉掌。

此式前伸的掌指径对敌人的喉咙，取一击必中，中敌后即转身对待身后之敌的意思。因此，应将劲力贯注手指，奔向对方面部或眼、颏、喉，给对方以重创；敌人稍向后避，势必挺胸而气上浮，我则翻掌下按，将敌放出。

在拳架中，白蛇吐信承接单鞭。对方正面向我胸部进攻，我应迅速含胸拔背，收前腿而坐右腿，用右臂沾取敌腕，用肘进攻，而左手又对右肘作防护（图1-86），对方撤手而避免擒拿或打击，我则将左手绕过右小臂，自内向斜前方直线奔去（图1-87）。由于此动作命中率较高，所以，随后即乘势转体180°，一手在上，一手在下，目光回视身后袭来之敌，静以待变（图1-88）。转身须用腰劲，前脚跟转动180°，提起后脚，身体即自然完成180°的转动。放人须全身完整，全式始终保持顶头悬。

白蛇吐信是极为锐利的招法，不在紧急关头，不应随便使用，更不能在友谊比赛中使用。

白蛇吐信锁喉掌，直取下颏莫彷徨。

劲力贯注五指梢，翻手前按整身放。

图 1-86　白蛇吐信（一）　图 1-87　白蛇吐信（二）　图 1-88　白蛇吐信（三）

正面受攻宜含胸，进步穿掌吐利锋。

背后有敌须转身，蛇信变化守与攻。

第 32 式　十字摆莲

拳法中将两手交叉左右横分状如十字，并用脚面横劲旁踢，疾似风摆荷叶，称为十字摆莲。

此式上承白蛇吐信。敌自身后击来，我转身待敌，以手拨开敌锋，复乘势用足旁踢（图 1-89、图 1-90），双手移动成十字交叉。侧踢时，左足立地，右足跟用劲，自左至右形成一立圆，开而复合。转身与横踢须顶劲上领，身体中正，目光视敌，轻松自然，毫不僵滞，然后才能发

图 1-89　十字摆莲（一）图 1-90　十字摆莲（二）

挥巨大的威力，化破敌攻，并作反击。

顺臂拗腿踢横旁，疾风速扫莲叶荡。

左足立点右足圆，双手十字开合现。

手拨敌锋凝精神，乘势横踢劲力真。

蛇信击前摆莲后，悬顶柔腰撒开手。

第33式　指裆捶

在搂膝拗步之后，乘势用拳进击，直指敌裆，称为指裆捶。指裆捶是太极五捶之一。

此式在用拳进击敌裆时，后腿要用劲蹬直，拧腰合胯，运背脊之力于右掌，向前下方发出，直奔敌裆（图1-91~图1-93）。发劲击拳时，头应上顶而不前俯，肩臂关节松开，气沉丹田，运用腰脊动力，一呼即出。敌以右拳击我，我左手横过膝盖，搂开敌手，并乘势用右拳直击敌裆，而左手置于右臂内侧以作护持。

指裆捶是很重要的击法，只要能搂开敌手，一般都能击中；但对于太极拳术来说，它同时也是发人法，关键在于顺敌势而腰胯发劲，可以放敌致倒。指裆捶对腰脊是极好的训练法。

搂膝进步指裆捶，后腿蹬直正腰椎。

图1-91　指裆捶（一）　　图1-92　指裆捶（二）　　图1-93　指裆捶（三）

右肩松开身前探，顶劲不俯有神威。

搬开敌手乘势追，劲起脊背贯右捶。

向前斜下径直裆，太极此捶非寻常。

第34式　上步七星

图1-94　上步七星

拳术中将两臂交叉、两掌斜对、状如北斗称为七星式。上步则指全身重量集中于左腿，微屈坐实，而右足尖或足跟虚点地面（图1-94）。

此式双掌合抱，高过眉际，含胸拔背，松肩吸气，虚实分明。但此式并非防守的招法，上步进步可作挑打，左掌向后，右掌直击敌面；双掌下落可化为撇身捶，拧腰合胯，用肘膊夹取敌臂，而左掌直攻敌胸。上步七星还隐含膝顶足踹——近身用膝顶、梢远用脚踹——之变化。由此可见，上步七星在形式上是拦架敌拳的防御架式，但稍加变化就能成为犀利的进攻动作。

上步七星克敌攻，双臂相挽宜含胸。

两掌斜对如北斗，上步寓重右足中。

掌进直向迎面劈，掌落撇捶当胸击。

右脚虚点头正悬，膝顶足踹因机变。

第35式　退步跨虎

拳式中将两臂分张，两手分作勾掌，身体下踞，双腿蹲屈，一足平铺立地，一足提起，足尖点地，状如伏虎，称为跨虎式。退步则指全身重量集中于右足。

拳架中将上步七星演化为退步跨虎，是有进有退、进退自如的训练。在上步七星的定式中，敌人以右脚直踢我裆，我则先撤右步落实，回头视敌，左手外搬敌腿，侧转身向后作勾，提右脚屈膝，足尖点地，以作防护和退让，同时乘势用右掌进击敌肋，完成退步跨虎（图1-95）。

在许多练法中，退步跨虎的定式之后，右腿须直立，并抬左腿，绷脚面，两臂分张，右手作掌，五指伸展；左手撮勾旋扭向上。因此，无论起落，退步跨虎都要求虚领顶劲，并使脊背的劲力在身体拧合之中通达于两臂的勾掌，以保持平衡。

图1-95 退步跨虎

退步跨虎脊背力，手作勾掌分两臂。

身体下踞称伏虎，右实左虚趾点地。

左手搂敌取钩意，右掌进击左足踢。

凝神注目回头看，变化绪端身上起。

第36式 转身摆莲

转身蓄势，双手自右向左平移，右脚摆莲横踢，状如旋风，称为转身摆莲，或双摆莲。

此式承接白蛇吐信，转体后重心移于左腿，两手握拳，两臂各含掤劲，掌根着力，一上一下相互对峙，然后将双拳移至身体左侧，再沿弧线移至体后，此时脚跟用力，抬右腿自左向右，由下向上，划一斜圆，横劲踢扫，落于原地。在右足运行至正前方时，双拳已化为掌，自右向左移至正前方，双掌拍击右脚外侧面（图1-96）。

转身摆莲在走架中宜慢不宜快，身体中正，运用腰腿劲力；击技时宜快不宜慢，横扫身后来袭之敌，有如秋风扫败叶。

图1-96 转身摆莲

身体回转作平圆，双手起舞如风旋。

含胸正头不偏斜，起脚旁踢双摆莲。

转身动作避敌锋，拨开敌手横脚攻。

摆莲劲力贯小腿，风扫落叶摇曳中。

第37式　弯弓射虎

图1-97　弯弓射虎

双拳自右向左，自上而下，在腰劲的作用下，循螺旋弧线击人，状如猎人骑在马上张弓向下射虎，称为弯弓射虎。

此式运动的枢纽在于腰。在腰的圆转运动中，将内劲贯注于双拳，使其螺旋前进（图1—97）。击发人时，两肩要松开，身体探出，弓右腿，蹬左腿，而保持顶头悬。敌人用左手击我，我用右手作捋，敌撤其臂向后，我即顺力作弯弓射虎，用螺旋劲力，拧腰合胯，脚趾抓地，可将敌人放出。因此，弯弓射虎是进攻发人之法。

在拳架中，弯弓射虎承接双摆莲。双摆莲中，双手自右移左，右足自左至右落于原地，从而，弯弓射虎须用腰脊转动的劲力，含胸拔背，使双掌沿倾斜的圆弧移至右方，并在右额上方握成双拳，同时向左下方击出。由于拳击为螺旋弧线的动作，可以接榫无迹，圆活自然，呼吸顺遂。

此式是腰脊胸背以及两臂两腿的螺旋运动，结合呼吸进行开合，对于脊椎脏腑是极好的锻炼。

骑马张弓下射虎，腰为枢纽掌成弧。

两臂运行腰身随，双拳前击螺旋推。

螺旋倾斜须向下，因敌后退劲力大。

身体前探守中定，合力来自四边形。

合太极收势

太极拳架结束，应使动作还原到起始状态，因此称为合太极，并要求恰好回到太极起势的地点。

合太极要求虚领顶劲，身体中正，两掌舒展平缓，慢慢后撤并随身形一起下降，呼吸顺遂，气沉丹田，双腿随双掌下沉略微屈膝（图1-98）。然后，双膝缓慢伸直，身体上升至正常状态（图1-99）。最后，两手逐渐去掉按劲，回到太极起势的开始状态（图1-100）。合太极神态端庄稳重，自然松静，圆满大方。

从弯弓射虎到合太极之间，往往添加一些其他动作，如揽雀尾、高探马或如封似闭等，以求连贯完整，并回到太极起势的位置。而这些用以连接的动作可因人而异，不必拘泥于成法。

合太极结束后，应稍作散步，深呼吸片刻，以调节神经系统的兴奋与抑制。

滔滔长拳至此毕，端庄稳重合太极。

神态自然顶头悬，气息平和归丹田。

式式连贯并完整，到此不得露绪端。

双臂轻松气下沉，起止动静精气神。

图 1-98 合太极（一）　　图 1-99 合太极（二）　　图 1-100 合太极（三）

太极拳术十分重视行功走架，认为这是提高功力造诣的基础，也是获得健康的源泉。根据上述基本拳式，按照图表给出的吴式太极拳的趟路，适当地采用一些联结动作，就可以将此 108 式的太极拳贯串下来。

起势　揽雀尾　斜单鞭　提手上势
左搂膝拗步　白鹤亮翅
怀抱琵琶
左　右　左搂膝拗步
手挥琵琶
搬拦锤
如封似闭
抱虎归山
十字手
斜单鞭　揽雀尾　左顾右盼　左斜提手上势　白鹤亮翅
肘底捶
左倒撵猴　右　左　左斜飞势
左搂膝拗步
海底针
扇通背
撇身捶
卸步搬拦捶
上步揽雀尾
正单鞭

左分脚　左高探马　右分脚　右高探马　斜单鞭　3　2　云手　正单鞭
转身蹬脚　左搂　右搂膝拗步　栽捶
撇身捶
右高探马
右分脚
右打虎　左打虎式
披身蹬脚
双风贯耳
左搂　右搂膝拗步　二起脚
手挥琵琶
搬拦捶
如封似闭
抱虎归山
十字手
斜单鞭　揽雀尾　左顾右盼
右野马分鬃　左　右　玉女穿梭　上步揽雀尾　正单鞭
左金鸡独立　斜单鞭　下势　3　2　云手
右　提手上势　白鹤亮翅
左倒撵猴　右　左　右斜飞势　斜单鞭
左搂膝拗步
海底针
扇通背
撇身捶
上步搬拦捶
揽雀尾
斜单鞭　3　2　云手　正单鞭
十字摆莲　白蛇吐信
右搂膝拗步　指裆捶　上步揽雀尾　斜单鞭　下势　上步七星　退步跨虎　白蛇吐信　双摆莲
上步揽雀尾　弯弓射虎
正单鞭
合太极

吴式太极拳趟路图

太极走架（108式）

趟路名称

（1）起势　　　　　（2）揽雀尾　　　　　（3）斜单鞭

（4）提手上势　　　（5）白鹤亮翅　　　　（6）左搂膝拗步

（7）怀抱琵琶　　　（8）左搂膝拗步　　　（9）右搂膝拗步

（10）左搂膝拗步　（11）手挥琵琶　　　（12）搬拦捶

（13）如封似闭　　（14）抱虎归山　　　（15）十字手

（16）左顾右盼　　（17）揽雀尾　　　　（18）斜单鞭

（19）肘底捶　　　（20）左倒撵猴　　　（21）右倒撵猴

（22）左倒撵猴　　（23）左斜飞势　　　（24）提手上势

（25）白鹤亮翅　　（26）左搂膝拗步　　（27）海底针

（28）扇通背　　　（29）撇身捶　　　　（30）卸步搬拦捶

（31）上步揽雀尾　（32）正单鞭　　　　（33）云手

（34）云手　　　　（35）云手　　　　　（36）斜单鞭

（37）右高探马　　（38）右分脚　　　　（39）左高探马

（40）左分脚　　　（41）转身蹬脚　　　（42）左搂膝拗步

（43）右搂膝拗步　（44）栽捶　　　　　（45）撇身捶

（46）左高探马　　（47）右分脚　　　　（48）右打虎式

（49）右打虎式　　（50）披身蹬脚　　　（51）双风贯耳

（52）二起脚　　　（53）右搂膝拗步　　（54）左搂膝拗步

（55）手挥琵琶　　（56）搬拦捶　　　　（57）如封似闭

（58）抱虎归山　　（59）十字手　　　　（60）左顾右盼

（61）揽雀尾　　　（62）斜单鞭　　　　（63）右野马分鬃

（64）左野马分鬃　（65）右野马分鬃　　（66）玉女穿梭

（67）上步揽雀尾　　（68）正单鞭　　　（69）云手

（70）云手　　　　　（71）云手　　　　（72）斜单鞭

（73）下势　　　　　（74）左金鸡独立　（75）右金鸡独立

（76）左倒撵猴　　　（77）右倒撵猴　　（78）左倒撵猴

（79）右斜飞式　　　（80）斜单鞭　　　（81）提手上势

（82）白鹤亮翅　　　（83）左搂膝拗步　（84）海底针

（85）扇通背　　　　（86）撇身捶　　　（87）上步搬拦捶

（88）揽雀尾　　　　（89）正单鞭　　　（90）云手

（91）云手　　　　　（92）云手　　　　（93）斜单鞭

（94）白蛇吐信　　　（95）十字摆莲　　（96）右搂膝拗步

（97）指裆捶　　　　（98）上步揽雀尾　（99）斜单鞭

（100）下势　　　　（101）上步七星　（102）退步跨虎

（103）白蛇吐信　　（104）双摆莲　　（105）弯弓射虎

（106）上步揽雀尾　（107）正单鞭　　（108）合太极

刘晚苍拳照

刘晚苍的全套太极拳架照，拍摄于20世纪70年代末，是刘光鼎为所著《太极拳架与推手》一书配图而拍。对照原书，可知目前所存者，尚有所缺，有的拳式无法完整展现。此处谨以现存刘晚苍拳照，对照其所传太极拳架108式，串成一整套相对完整的动作，供读者借以一睹风貌。

由于当时拍摄者经验尚有不足，拍摄角度未能固定，时常有所变换，使读者不易把握方向，在这里特对照片略作标注，加以说明。其中，标注"反"者，一般是为取身躯或面部的正面，而以趟路中实际方向反转180°（即反面）拍摄；"正"者，一般是指为取身躯或面部的正面，而转至趟路正常方位的90°所拍摄；"侧"者，一般是指为取身躯侧面，而转至趟路正常方位的90°所拍摄。

图 2-1　起势（一）　　　图 2-2　起势（二，侧）　　　图 2-3　起势（三）

图 2-4　揽雀尾（一）　　　图 2-5　揽雀尾（二）　　　图 2-6　揽雀尾（三）

图 2-7　揽雀尾（四）　　　图 2-8　揽雀尾（五）　　　图 2-9　揽雀尾（六）

刘晚苍传内家功夫与手抄老谱

图 2-10　揽雀尾（七）　　图 2-11　斜单鞭　　图 2-12　提手上势（一）

图 2-13　提手上势（二）图 2-14　提手上势（三）图 2-15　白鹤亮翅（一）

图 2-16　白鹤亮翅（二）图 2-17　白鹤亮翅（三）图 2-18　白鹤亮翅（四）

图 2-19　左搂膝拗步（一）图 2-20　左搂膝拗步（二）　图 2-21　怀抱琵琶

图 2-22　左搂膝拗步　　图 2-23　右搂膝拗步　　图 2-24　左搂膝拗步

图 2-25　手挥琵琶（一）图 2-26　手挥琵琶（二）图 2-27　手挥琵琶（三）

刘晚苍传内家功夫与手抄老谱

图 2-28 搬拦捶（一）　　图 2-29 搬拦捶（二）　　图 2-30 搬拦捶（三）

图 2-31 如封似闭（一）　图 2-32 如封似闭（二）　图 2-33 十字手（一）

图 2-34 十字手（二）　　图 2-35 左顾右盼（一）　图 2-36 左顾右盼（二）

图 2-37　左顾右盼（三）　图 2-38　揽雀尾（一）　图 2-39　揽雀尾（二）

图 2-40　揽雀尾（三）　图 2-41　揽雀尾（四）　图 2-42　揽雀尾（五）

图 2-43　揽雀尾（六）　图 2-44　正单鞭　图 2-45　肘底捶（一）

图 2-46　肘底捶（二）　　图 2-47　倒撵猴（一）　　图 2-48　倒撵猴（二）

图 2-49　倒撵猴（三）　　图 2-50　倒撵猴（四）　图 2-51　斜飞势（一，反）

图 2-52　斜飞势（二，侧）图 2-53　提手上势（一）　图 2-54　提手上势（二）

图 2-55　提手上势（三）　图 2-56　白鹤亮翅（一）　图 2-57　白鹤亮翅（二）

图 2-58　白鹤亮翅（三）　图 2-59　白鹤亮翅（四）　图 2-60　左搂膝拗步（一）

图 2-61　左搂膝拗步（二）　图 2-62　海底针（正）　图 2-63　扇通背

刘晚苍传内家功夫与手抄老谱

图 2-64 撇身捶　　　图 2-65 揽雀尾（一）　　　图 2-66 揽雀尾（二）

图 2-67 揽雀尾（三）　　　图 2-68 揽雀尾（四）　　　图 2-69 揽雀尾（五）

图 2-70 揽雀尾（六）　　　图 2-71 正单鞭　　　图 2-72 云手（一）

图 2-73　云手（二）　　　图 2-74　云手（三）　　　图 2-75　云手（四）

图 2-76　云手（五）　　　图 2-77　云手（六）　　　图 2-78　云手（七）

图 2-79　云手（八）　　　图 2-80　云手（九）　　　图 2-81　斜单鞭

图 2-82　右高探马（一，反）　图 2-83　右分脚　图 2-84　左高探马（一，反）

图 2-85　左分脚（一，反）图 2-86　左分脚（二，反）　图 2-87　转身蹬脚

图 2-88　左搂膝拗步　　图 2-89　右搂膝拗步　　图 2-90　栽捶（正）

图 2-91　撇身捶　　　图 2-92　右高探马（一，反）　　　图 2-93　右分脚

图 2-94　右打虎势　　　图 2-95　左打虎势（正）　　　图 2-96　披身蹬脚（一，正）

图 2-97　披身蹬脚（二，正）　　　图 2-98　双风贯耳　　　图 2-99　二起脚（一）

图 2-100　二起脚（二）　图 2-101　二起脚（三）　图 2-102　二起脚（四）

图 2-103　二起脚（五）　图 2-104　右搂膝拗步　图 2-105　左搂膝拗步

图 2-106　右搂膝拗步　图 2-107　左搂膝拗步　图 2-108　手挥琵琶（一）

图 2-109　手挥琵琶（二）图 2-110　手挥琵琶（三）　图 2-111　搬拦捶（一）

图 2-112　搬拦捶（二）　图 2-113　搬拦捶（三）　图 2-114　如封似闭（一）

图 2-115　如封似闭（二）图 2-116　十字手（一）　图 2-117　十字手（二）

图 2-118　左顾右盼（一）　图 2-119　左顾右盼（二）　图 2-120　左顾右盼（三）

图 2-121　揽雀尾（一）　图 2-122　揽雀尾（二）　图 2-123　揽雀尾（三）

图 2-124　揽雀尾（四）　图 2-125　揽雀尾（五）　图 2-126　揽雀尾（六）

图 2-127　正单鞭　　　图 2-128　右野马分鬃（一）　图 2-129　右野马分鬃（二）

图 2-130　右野马分鬃（三）　图 2-131　右野马分鬃　　　图 2-132　右玉女穿梭
　　　　　　　　　　　　　　　　（三，正）　　　　　　（一，反）

图 2-133　右玉女穿梭　　　图 2-134　右玉女穿梭　　　图 2-135　右玉女穿梭
　　　（二，反）　　　　　　（三，反）　　　　　　（四，正）

图 2-136 左玉女穿梭（一）　图 2-137 左玉女穿梭（二）　图 2-138 左玉女穿梭（三，反）

图 2-139 左玉女穿梭（四，反）　图 2-140 左玉女穿梭（五，正）　图 2-141 右玉女穿梭（一）

图 2-142 右玉女穿梭（二）　图 2-143 右玉女穿梭（三，正）　图 2-144 左玉女穿梭（一）

图 2-145　左玉女穿梭（二）　图 2-146　左玉女穿梭　图 2-147　扁踩小琵琶（正）
（三，正）

图 2-148　揽雀尾（一）　图 2-149　揽雀尾（二）　图 2-150　揽雀尾（三）

图 2-151　揽雀尾（四）　图 2-152　揽雀尾（五）　图 2-153　揽雀尾（六）

图 2-154 单鞭　　　图 2-155 云手（一）　　　图 2-156 云手（二）

图 2-157 云手（三）　　　图 2-158 云手（四）　　　图 2-159 云手（五）

图 2-160 云手（六）　　　图 2-161 云手（七）　　　图 2-162 云手（八）

图 2-163　云手（九）　　　图 2-164　斜单鞭　　　　图 2-165　下势

图 2-166　左金鸡独立（正）　图 2-167　右金鸡独立　　图 2-168　右金鸡独立
　　　　　　　　　　　　　　　　　（一，正）　　　　　　　（二，正）

图 2-169　倒撵猴（一）　　图 2-170　倒撵猴（二）　图 2-171　倒撵猴（三）

图 2-172　倒撵猴（四）　　图 2-173　斜单鞭　　图 2-174　提手上势（一）

图 2-175　提手上势（二）图 2-176　提手上势（三）图 2-177　白鹤亮翅（一）

图 2-178　白鹤亮翅（二）图 2-179　白鹤亮翅（三）图 2-180　白鹤亮翅（四）

图 2-181　左搂膝拗步（一）图 2-182　左搂膝拗步（二）　图 2-183　海底针（正）

图 2-184　扇通背　　　　图 2-185　撇身捶　　　图 2-186　揽雀尾（一）

图 2-187　揽雀尾（二）　图 2-188　揽雀尾（三）　图 2-189　揽雀尾（四）

刘晚苍传内家功夫与手抄老谱

图 2-190 揽雀尾（五）　图 2-191 揽雀尾（六）　　图 2-192 单鞭

图 2-193 云手（一）　　图 2-194 云手（二）　　图 2-195 云手（三）

图 2-196 云手（四）　　图 2-197 云手（五）　　图 2-198 云手（六）

上篇　太极拳架与推手——109

图 2-199 云手（七）　　　图 2-200 云手（八）　　　图 2-201 云手（九）

图 2-202 斜单鞭　　　图 2-203 白蛇吐信（一）　图 2-204 白蛇吐信（二）

图 2-205 白蛇吐信　　　图 2-206 白蛇吐信　　　图 2-207 十字摆莲（反）
　　　　（二，侧）　　　　　　（三，正）

图 2-208　十字摆莲（正）图 2-209　指裆捶（一，反）图 2-210　指裆捶（二，正）

图 2-211　指裆捶（三）　图 2-212　揽雀尾（四）　图 2-213　揽雀尾（五）

图 2-214　揽雀尾（六）　　图 2-215　斜单鞭　　　图 2-216　下势

图 2-217　上步七星（正）　图 2-218　退步跨虎（侧）　图 2-219　双摆莲（正）

图 2-220　弯弓射虎（反）　图 2-221　揽雀尾（一）　图 2-222　揽雀尾（二）

图 2-223　揽雀尾（三）　图 2-224　揽雀尾（四）　图 2-225　揽雀尾（五）

图 2-226 揽雀尾（六）　　图 2-227 单鞭　　图 2-228 合太极（一）

图 2-229 合太极（二）　　图 2-230 合太极（三）

走架解说

第1式　起势

起势—十字手

太极拳从预备到开始运动的姿势称为起势。面向正南、两脚分开与肩同宽成平行步。头容正直，虚灵顶劲，下颏微收，两眼平视，含胸拔背，两臂自然下垂，指尖向下，掌心向后，全身放松，平静端庄（图3-1、图3-2）。

精神集中，在意念的支配下开始运动，两臂慢慢抬起，手心向下，高与肩平（图3-3）。然后两掌心微微吐力，两腿下蹲，随后转腰松胯，左虚右实，左脚尖点地，重心转移到右腿上（图3-4）。

要点：一举动周身俱要轻灵，两臂抬起的速度决定整个拳架的速度，两腿下蹲决定整个拳架的高低。尾闾中正，不偏不倚，两腿下蹲时膝盖不得超过脚尖。

用法：预备式是太极桩功——无极桩。习练日久自能产生太极内劲。

由预备到起势是由静而动，两臂含掤劲，上可掤架对手，下可採捋。也可以运用按劲，在腰胯的作用下，虚实变换，审机得势，可发可化。

图3-1　起势（一）

图3-2　起势（二）

图3-3　起势（三）

图3-4　起势（四）

第 2 式　揽雀尾

承接前式，重心移于右腿，左臂圆撑，不失掤劲，以腰为轴右转，右手扶于左腕成掤式，左脚迈出成左弓步（图 3-5）。右脚跟步，脚尖点地，左腿微蹲，支撑全身重量。左手内翻右腿向右侧方向迈出，右手从左掌根穿出，手心向上，左手心向下（图 3-6、图 3-7）。

在腰胯的转动下，双掌翻转滚卷向后划圆。沉肩坠肘作捋式（图 3-8）。重心转移至左腿，右脚尖抬起，脚跟着地（图 3-9）。转腰胯翻转双掌成右弓步，做挤式（图 3-10）。

在腰的作用下，右臂立肘，右掌外翻，划一圆圈。同时重心转移左腿，右脚跟着地（图 3-11）。右掌下按变撮勾（图 3-12）。

图 3-5　揽雀尾（一）

图 3-6　揽雀尾（二）

图 3-7　揽雀尾（三）

图 3-8　揽雀尾（四）

图 3-9　揽雀尾（五）

图 3-10　揽雀尾（六）

要点：此式是太极拳的主要手法。在两个圆圈的变化中，方圆相生，掤捋挤按、採挒肘靠贯串其中，腰动手随，步随身换，动急则急应，动缓则缓随，神舒体静，气沉丹田。

图 3-11　揽雀尾（七）　　图 3-12　揽雀尾（八）

用法：沾有掤劲，化有捋劲，进有挤劲，发有按劲，暗藏肘劲，左右琵琶，随机应变。彼向我施力我节节松开，我向彼发力则沉肩坐腰，节节贯串。

掤劲的用法：将向上向外之劲力称掤。掤是沾住对方，不是与之相对抗，沾黏对方手肘腕关节，使其不能运化，即将其掤起。

捋劲的用法：向旁侧的劲力称捋。破掤劲之法，顺其前进之势用腰转化至两侧方，顺其劲力而动，微微改变其方向，须黏贴对方腕肘，转腰松胯，不得僵滞。

挤劲的用法：挤是压迫向外之意。挤住对方，黏住对方身体使其失去平衡。彼捋我臂，我用臂横彼胸部，另一掌推至前手腕根处，使对方立仆。劲力来自腰腿，脚趾抓地，腰部发力，直击对方重心，无坚不摧。

按劲的用法：劲力向外向下称按。破挤之手，如对方用挤手击我，我用双手轻轻封住其手肘，沾黏住不即不离。我含胸拔背，沉肩坠肘，五趾抓地，即可发放，但忌身体前扑。

採劲的用法：挤是双合，採是双分，破肘之法。一松一紧，一落一拔，即黏贴其手臂向下沉採，坐腰松胯即发。

挒劲的用法：分劲为挒。转移对方的劲力还制其身称挒。先从人，后由己，顺对方的劲力改变其方向，彼进击，我反抓其手臂拧发为挒。但运用时手脚要协调一致。

肘劲的用法：肘法为断劲，即冷劲，化捋之后，用肘尖沾沉对方，转化而用肘击，命中率极强。

靠劲的用法：肩背胯的外侧以抖发之震弹力击人为靠。肩击胯打，黏贴对方身体，得机得势，步略跟进，发劲要脆。肩肘膀背胯膝均可靠击对方，迅猛无比，八面威风。

第3式　斜单鞭

承接前式，右手五指撮勾下垂，重心转移右腿，眼视左掌心，在腰裆劲的作用下，左腿向左侧东北斜方向迈出，取马步中定姿势，十趾抓地，上下左右均衡，眼视撮勾（图3-13）。

要点：单鞭是重复最多的一式。要求尾闾中正，气沉丹田，支撑八面，训练腰裆劲力。

用法：单鞭双手可用左右分击，撮勾可随时钩挂对方，进击之臂肘，可近身用肘击人，可进步插裆，套封彼身，使对手无还手之力。

图3-13　斜单鞭

第4式　提手上势

承接前式，提为合，上势为开，由单鞭重心移至左腿，右腿脚跟着地，左掌上右掌下，寓意合力，上势身形伸长，提高腰脊伸缩力，右臂掤圆，左手松沉，扶于右腕关节处（图3-14、图3-15）。

要点：提手上势主要训练腰脊伸缩，转腰松胯，沉气坐身，双肩松开，手臂滚卷敏捷。

用法：彼向我正面攻击，我则含胸拔背，松腰胯，拿取彼腕和肘称琵琶手。彼退我长身形做挤，使对方腾虚，脚跟离地，我翻动双臂即可发放。

图 3-14　斜单鞭　提手
上势（一）

图 3-15　斜单鞭　提手
上势（二）

第 5 式　白鹤亮翅

承接前式，右手卷动外翻，两手一上一下，左脚上步与右脚平行步站立。左手掌心向下停留在左腹前，右手掌心向前，臂圆撑停留在右额上方（图 3-16）。弯腰前弓，两掌在腰的作用下，缓缓下按至地面（图 3-17）。腰左转，左手翻转，随身法转到身后方。左臂伸直，如将重物托起状，以腰脊的转动和手臂的伸缩，行气运劲如抽丝，吐纳徐舒而深长（图 3-18）。两臂运行中在左前方相遇，右转至身前方定位（图 3-19、图 3-20）。两臂圆撑，十指相对掌心向外，随后两掌内翻，掌心向内，两肘松沉，手势随身形下落。屈膝半蹲，目视两掌心（图 3-21）。

　图 3-16　白鹤亮翅（一）　图 3-17　白鹤亮翅（二）　图 3-18　白鹤亮翅（三）

刘晚苍传内家功夫与手抄老谱

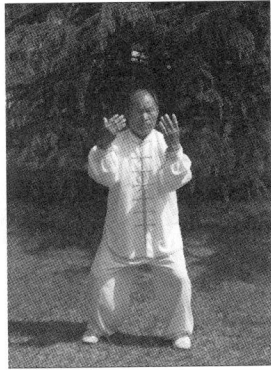

图 3-19　白鹤亮翅（四）　图 3-20　白鹤亮翅（五）　图 3-21　白鹤亮翅（六）

要点：此式以腰背为枢纽，带动手臂运动，训练肋胛扣合之力。腰动手随，呼吸自然，内劲通达四梢八节，气血循环，无处不至。运动时两臂不失掤劲，托采敌臂，转腰化势，占居中定。

用法：彼从左侧击我，我即左转身以右手沾黏其臂，内旋上托，左手黏其肘下沉，运用腰胯劲产生沉采之力，托采其臂，使彼斜我正。

第 6 式　左搂膝拗步

此式为太极拳重要技法之一，承接上式，腰向左转，重心移至右腿，左脚呈虚步，同时两小臂向内翻转下按，提左脚，左掌搂膝站实，右掌从耳后弧形向右前方推出。定式时，腕肘下沉，眼视右手中指，左弓右蹬。进左步出右手或进右步出左手称为拗步（图 3-22～图 3-24）。

图 3-22　左搂膝拗步（一）　图 3-23　左搂膝拗步（二）　图 3-24　左搂膝拗步（三）

要点：搂膝拗步分左右二式，动作相同。寓意于进攻八面转换，立身中正，五趾抓地，虚实分明，迈步如猫行，腰裆扣合，松净无滞，全神贯注，协调匀称。

用法：左手搂膝，拿取敌腿或彼身。转移对方的进攻，腕肘下沉有按劲，亦可用前进之脚钩取彼腿，或按或击，灵活运用，随机应变。

第7式　怀抱琵琶

承接前式，重心转移变为右实左虚，左脚跟着地，同时左手臂向上内翻，右掌随移至左小臂上部，下按至左肘下，左手上仰，右掌心向下，如抱琵琶，右手如抚弦，称之为怀抱琵琶（图3-25）。

要点：此式运动要含胸拔背，运用腰脊发力，上松下实，五趾抓地，关键在于动腰，转化在腰，发放亦在腰，"命意源头在腰际"，在圆形动作中做到周身一家，毋使有断续处。

图 3-25　怀抱琵琶

用法：彼用拳击我胸部，我以右手沾黏其腕臂，左手黏托其肘部，两手随按随掤，一上一下，加大合力，即可发放。

第8式　左搂膝拗步

与第6式左搂膝拗步相同（图3-26、图3-27）。

图 3-26　左搂膝拗步
（一）

图 3-27　左搂膝拗步
（二）

第9式　右搂膝拗步

与第6式左搂膝拗步左右互换（图3-28、图3-29）。

图 3-28　右搂膝拗步
（一）

图 3-29　右搂膝拗步
（二）

第10式　左搂膝拗步

与第6式左搂膝拗步相同（图3-30、图3-31）。

图 3-30　左搂膝拗步
（一）

图 3-31　左搂膝拗步
（二）

第11式　手挥琵琶

与第7式怀抱琵琶相同（图3-32）。承接前式，两掌一前一后向斜前方推出，称为手挥琵琶（图 3-33）。

图 3-32　手挥琵琶（一）　　图 3-33　手挥琵琶（二）

第 12 式　搬拦捶

承接前式，腰左转，双掌在左前方翻滚，搬采彼力，向后缓缓移动，重心在两腿上，前弓后蹬成弓步，步法不动（图 3-34）。

拦是拦截，在腰裆劲的作用下转换重心，左虚右实，目视前手中指。（图 3-35）。然后左手内翻微微往下松沉，右手变拳直线向前进击（图 3-36)。

要点：搬是搬拦彼力以拳进击，此是先化后打，太极五捶之一，是强烈的技击招法，须沉肩坠肘，气沉丹田，忌身体前倾失重心，拳与腰

图 3-34　搬拦捶（一）　　　图 3-35　搬拦捶（二）　　　图 3-36　搬拦捶（三）

配合，劲力贯于拳顶，加重捶法进击的力量。

用法：搬劲是横劲，双手松沉，在腰的作用下变为小琵琶手，拦劲暗藏挒劲，同时也是拿法，可擒取彼臂，蓄腰脊劲力，一呼即出，重捶出击。

第13式　如封似闭

承接前式搬拦捶击出之后，对方握我小臂，我即将左手自右膊下向前穿出，松腰胯擒拿对方手腕，此式为封；再进双臂滚卷，双肘沉採化彼力，使之腾虚，顺势发放，双掌推出，此为闭（图3-37~图3-39）。

要点：发劲，腰腿脚须完整一气，在腰胯的转动下，封是开闭是合，一开一合先蓄后发，化彼劲力使之落空，即打手。

用法：封是锁，闭是进。要含胸向内化彼攻势，同时以腰腿整劲反攻，沉肩坠肘，气势收敛，第一封拿彼手腕臂，听劲查其动向，以周身整力顺其势直击之。

| 图 3-37　如封似闭（一） | 图 3-38　如封似闭（二） | 图 3-39　如封似闭（三） |

第14式　抱虎归山

承接前式，右腿向后撤步，右掌外翻向右侧方伸出，成右弓步，在腰裆的作用下呈托抱式，称为抱虎归山（图3-40、图3-41）。随之两掌内翻，左脚同时收半步，两腿马步中定站立，两掌贯以沉採内劲，缓缓如抽丝，落在两膝旁侧方（图3-42）。

图 3-40 抱虎归山（一）　　图 3-41 抱虎归山（二）　　图 3-42 抱虎归山（三）

要点：撤步要轻灵，两手托抱要支撑八面，精神内固，沉采要骑马蹲裆，守我之静，待机而动。

用法：彼向我击来，我用左臂滚化对手右臂，后撤右步，用右臂肘进击对方腰部，彼要擒拿我臂，我双掌沉采翻转坐腰松胯，或采或捋，使彼失去重心。

第 15 式　十字手

承接前式，身体直立，收左腿，两脚与肩同宽，两手同时往上方划弧，停在前额上方，十指相对。两掌继续交叉内翻，状若十字（图 3-43）。

图 3-43　十字手

要点：十字手要虚灵顶劲，意守丹田，手臂含掤劲，节节贯串，在运动中虚实转换。

用法：彼向我击来，我两手交叉十字以掤住对方，转腰以虚化实发将彼击出。

第 16 式　左顾右盼

左顾右盼—斜单鞭

承接前式，两手臂随身体下蹲内翻，左掌搂膝，右掌向斜前方推出定位后坐腕，左腿向左斜前方迈步，前弓后蹬（图 3-44、图 3-45）。随

图 3-44　左顾右盼（一）

后提左腿，右转身，右手搂膝停在右胯侧，掌心向下，同时迈左腿，向右斜前方落步，左手随之向右斜前方推出坐腕（图 3-46、图 3-47）。

要点：两臂运行要与身法步法协调一致，以腰为轴转动，灵活干净利落，神态敏捷。

用法：两臂内翻要含沉采力，用腰滚动化解对方之力使之落空，我用左或右手搂彼腿或腰，左或右手直取对方重心。

图 3-45　左顾右盼（二）

图 3-46　左顾右盼（三）

图 3-47　左顾右盼（四）

第 17 式　揽雀尾

承接前式，右手顺左手背穿掌前外（图 3-48）。随后双掌翻转变捋，与第 2 式揽雀尾相同。

图 3-48　揽雀尾

第 18 式　斜单鞭

与第 3 式斜单鞭相同，唯正身朝向西南方（图 3-49）。

图 3-49　斜单鞭

第 19 式　肘底捶

承接斜单鞭，身体左转 90°，面向正东，呈左弓步，两臂不变仍为单鞭（图 3-50）。然后跟右步，右掌从胸前内翻下落。左掌从右手腕背向上穿出后立肘，右掌停留在左肘下方，左脚跟着地，重心移至右腿（图 3-51）。

图 3-50　肘底捶

图 3-51　肘底捶

要点：此式是太极五捶之一，注意肘底隐藏捶法，运用三角步法，翻卷滚转，节节贯串，用意念守我之静。

用法：上穿手或拿或发，下藏捶，用腰裆劲，可进击彼身。

第 20 式　左倒撵猴

承接前式，左手划弧上提，右手向下沉採，同时抬左腿，用腰胯劲向后移动，定式后变弓步，退左步出左手，或退右步出右手，眼视前手中指，右手移于右腰胯旁侧，掌心向下（图 3-52、图 3-53）。

要点：前进后退要合度，虚灵顶劲，身体正中不偏不倚，支撑八面，不前倾不歪斜，转动如猴，轻灵如猫。

图 3-52　左倒撵猴（一）

图 3-53　左倒撵猴（二）

用法：彼上手下腿向我进击，我一手拿彼腿，一手拿彼臂，以退为进，以腰胯向后移搽劲，使其前扑，我击其头部、膀背、腋部，按掌而出。

图 3-54　右倒搽猴

第 21 式　右倒搽猴

同第 20 式左倒搽猴，唯左右互换（图 3-54）。

第 22 式　左倒搽猴

与第 20 式左倒搽猴相同。

第 23 式　左斜飞势

两臂斜展，先合后分，呈斜扑飞翔之势，故称斜飞势。

承接前式倒搽猴，我左臂在腰后转带动下向左后方转移，两腿随之变为左弓右蹬，右掌在左肋下方（图 3-55）。接着变为右弓步，两掌由分而合，合抱于身前方，重心转移至右腿（图 3-56）。然后左腿向左前斜方迈出成左弓步，两手分张一上一下、一左一右，完成斜飞势动作，眼视右掌（图 3-57）。

图 3-55　左斜飞势（一）　图 3-56　左斜飞势（二）　图 3-57　左斜飞势（三）

要点：两臂斜展，练肩肘靠劲，用腰劲进左步，发挥肩肘的威力。

用法：彼右拳击我，我在腰劲的作用下先捌后捋，彼动我趁势锁腿长身，将彼斜靠出。

第 24 式　提手上势

与第 4 式提手上势相同。

第 25 式　白鹤亮翅

与第 5 式白鹤亮翅相同。

第 26 式　左搂膝拗步

与第 6 式左搂膝拗步相同。

第 27 式　海底针

承接前式。徐徐抽回右掌，左掌随之上提从右手背处穿下翻转，上提划圆，抬起变立掌。右掌划立圆下点，掌心向左侧，同时重心移于右腿，左脚脚尖点地（图 3-58、图3-59）。

图 3-58　海底针（一）　　　图 3-59　海底针（二）

要点：此式为俯之弥深动作，向下点刺，重心稳固，头容正直，劲力沉稳，气沉丹田。

用法：如我右手被对方拿住，我即右臂放松滚卷，左掌同时顺右手背部外翻，与右掌合力以解对手拿法，同时将对方拿住，收左腿变虚，我随机用右手点击对方小腹部，右腿守我重心。

第28式　扇通背

图3-60　扇通背

承接前式，右掌向前向上提起，左掌贴于右臂腕部，同时左腿向前迈一步，右掌掌心向外徐徐抽回停于额右方成半圆形，左掌向上向前推出，掌心向左前方，两脚尖旋转成骑马式，重心在两腿上，眼看左掌（图3-60）。

要点：在运动中以腰脊为轴，两臂分张，劲力贯于两臂，如张弓发箭一呼即出，骑马占中定，手足劲在坐腰松胯主宰下，周身一家，突然暴发。

用法：如对方击我，我以右掌黏其右臂腕向上擎起彼身，即进左足封住其前腿，以左掌向其肋间击去，将其放出。

第29式　撇身捶

承接前式，身法提起，右转翻身，右掌随之从上方变拳下落，右腿提起，向右侧下方下落，转为右弓步，左掌随右拳翻转向下，在右侧前方下落并向前推出，眼视左掌，右拳落于右腰侧（图3-61、图3-62）。

要点：此式为太极五捶之一，技法强烈。转腰松胯，翻转时用肘尖向下沉采，既避敌锋又采彼臂，

图3-61　撇身捶（一）

图3-62　撇身捶（二）

关键在腰劲的运用。

用法：如对方自我身后击来，我急转身屈臂以肘尖击其胸肋。如其击我面部，我以右掌扶其右腕翻转沉采，以左掌扶其肘或肋肩，稍加用力，彼即随手跌出。

第30式　卸步搬拦捶

承接前式，身体重心后移至左腿，同时右拳变掌与左掌向左侧方搬捌，身体后坐称为卸步，然后两掌翻卷，抬起右腿向右侧方向沉采拦截。定位后右掌变拳落于右腰侧，左掌随之扶于右拳前端，左脚脚跟着地，重心移至右腿，接着跟右脚再进右步出右拳继续运动（图3-63~图3-66）。

要点：一个卸步一个进步，手眼身法步要协调一致。身体中正，肩腰胯松开，转动互换敏捷。

用法：对方从正面击我胸部，我用挒劲沉采卸步使其力落空，并可在运动中应用小琵琶手拿取敌臂，随之进步用捶击彼身。

图3-63　卸步搬拦捶（一）

图3-64　卸步搬拦捶（二）

图3-65　卸步搬拦捶（三）

图3-66　卸步搬拦捶（四）

第31式　上步揽雀尾

与第2式揽雀尾相同，无左掤右挤式，直接进步翻转变捋式，而后右转腰向前做右挤式（图3-67~图3-69）。

图3-67　上步揽雀尾（一）　　图3-68　上步揽雀尾（二）　　图3-69　上步揽雀尾（三）

第32式　正单鞭

图3-70　正单鞭（一）　　图3-71　正单鞭（二）

与第3式斜单鞭相同，唯面南背北，属于正式（图3-70、图3-71）。

第33式　云手

承接前式，两手在腰转动下，往来转换，右掌内旋，目视掌心，然后向右翻转到右后斜方，向下划圆，手指下垂至膝前随身法向左运行。步法在运行时先马步，后弓步。向左运动时眼视左掌心，左掌沉肘缓缓左行，到尽头后变马步，眼视右掌心，并立肘向右运行到尽头变弓步。左手运行到尽头并右脚，右手运行到尽头开左脚（图3-72~图3-75）。

要点：左右运行时要以腰为轴，坐腰松胯，尾闾中正，精神内敛。

腹内松净，气沉丹田，舒缓圆静，上下相随。

用法：在太极拳法里云手为进攻招法，极其严密，拿、化、击、发都在运行转换中完成，进可做斜飞势进击对手，立肘可击对方肋部，手臂在运行时不失掤劲，隐含肘法，转腰为捋，提手为挤，双手下沉为按，横下为採，斜上击为挒，进步用肩为靠。

图 3-72　云手（一）

图 3-73　云手（二）

图 3-74　云手（三）

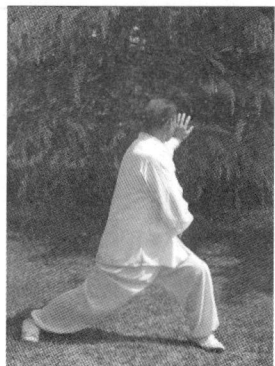

图 3-75　云手（四）

第 34 式　云手

与第 33 式云手相同（图 3-76、图 3-77）。

图 3-76　云手（一）

图 3-77　云手（二）

第35式　云手

与第34式云手相同。

第36式　斜单鞭

与第3式斜单鞭动作及方向相同。

右高探马—十字手

第37式　右高探马

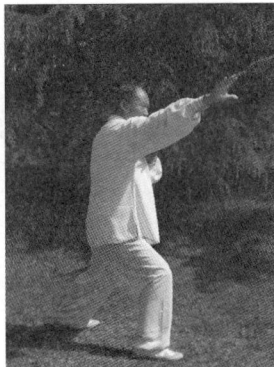

图3-78　右高探马（一）　图3-79　右高探马（二）

承接上式，重心在腰的作用下移至右腿，左脚脚尖点地，同时身体左转，右臂随腰动向左下方移动，左掌扶于右肘处，向上与右掌同时内旋向右斜前方掤出，左腿随之后撤变为右弓步，又称扑面掌（图3-78、图3-79）。

要点：扑面掌或锁喉掌，都必须顺势坐腰松胯，在腰裆劲的作用下或拿或发，滚翻争裹，松放自然。

用法：彼击我胸，我退前脚转腰以化解彼力，同时右臂沾取敌肘腕，即上步直取对方面部，称之为扑面掌，翻掌为捌，奔对方咽喉，称为锁喉掌，具有强烈的技击威力。

第38式　右分脚

承接前式，双手翻转沉采下按，随之抬右腿，徐徐向右前侧方蹬出，同时两臂随之左右分张，手心向侧，劲力贯注于脚跟（图3-80、图3-81）。

要点：蹬脚时必须虚灵顶劲，上身放松，劲力自腰脊达于脚跟。

用法：在腰脊的作用下，双手向后方做採挒，使其后撤，我顺势外抛其力，用右脚蹬其肋，将其放出。

图 3-80　右分脚（一）　　图 3-81　右分脚（二）

第 39 式　左高探马

落右脚踏实成右弓步，然后两手臂下落，右手扶左肘从左侧下方向胸前运行至左前上方，手掌内旋变扑面掌，手心向下，同时左脚跟步，脚尖点地，重心移至右腿，眼看左侧前方（图 3-82、图 3-83）。

图 3-82　左高探马（一）　　图 3-83　左高探马（二）

第 40 式　左分脚

与第 38 式右蹬脚相同，唯方向相反（图 3-84、图 3-85）。

图 3-84　左分脚（一）　　图 3-85　左分脚（二）

第 41 式　转身蹬脚

承接前式，左蹬脚后，身体左转，左腿提膝成右独立，两手变拳圆撑。两眼目视左前方，两臂分张，将左脚向左前方蹬出，左右手手心侧向，眼看左手（图 3-86、图 3-87）。

要点：单腿回旋独立，身体保持中正，悬顶，忌左右歪斜，以脚跟为轴，转体 90°，脚趾抓地，立如平准。

用法：此取意于彼从我身后击来，我转身迎敌，劲力贯注于脚跟，上惊下取，使彼扑倒。

图 3-86　转身蹬脚（一）　　图 3-87　转身蹬脚（二）

第 42 式　左搂膝拗步

与第 6 式左搂膝拗步相同。

第 43 式　右搂膝拗步

与左搂膝拗步相同，唯方向相反。

第 44 式　栽捶

承接前式，左手搂膝进左步，右手握拳，由上而下向前下方栽击，拳侧向，同时左手扶于右肘处（图 3-88）。

要点：此乃太极五捶之一，栽捶时腰脊劲力贯注于拳，三尖相对，守住重心，支撑八面。

用法：彼向我袭来，我用左掌搂开，并直击其肋，彼用腿踢来，我则用左手捋化，趁势用右拳栽击其腹部。

图 3-88　栽捶

第 45 式　撇身捶

承接前式，右拳上提，外翻左掌扶于右拳上，同时抬右脚，身体向右后方向旋转。右腿落下变右弓步，右拳下落至右腰侧，左掌向正前方徐徐推出，目视左手中指，重心在两腿之间（图 3-89）。

要点：变转在腰，臂肘滚卷做横劲沉采，粘贴对方手臂做圆弧运动，周身一家，身法正，劲力整。

用法：对方向我击来，我急应转身用肘部

图 3-89　撇身捶

沉劲击其胸胁，其击我面部，我捯其臂用右腿套封其腿，左手直击其胸胁，向下沉採，使其随手跌出。

第 46 式　右高探马

与第 37 式右高探马相同。

第 47 式　右分脚

与第 38 式右蹬脚相同。

第 48 式　右打虎式

承接前式，双掌在腰劲的运动下，沉採变拳，向右后方运行，左拳运行至右腰侧，右拳在右额前上方，同时右腿向右后方落步成右弓步，目视左后方（图3-90）。

图 3-90　右打虎式

要点：以腰为轴肩肘腕胯膝协调一致，身动拳随，气沉丹田，在腰的主宰下，螺旋运行，呼吸和意念相结合。

用法：打虎式威武凶猛，极柔极刚，有强烈的技击力量，撤步时可运用捋劲，下沉做採，上架为肘靠，手臂滚翻为掤，将人击出。

第 49 式　左打虎式

与右打虎式相同，唯方向相反（图3-91）。

第 50 式　披身蹬脚

承接前式，以腰为枢纽右转，两拳不失掤劲，随腰劲转到正前方落在腹前，两拳相对圆

图 3-91　左打虎式

撑（图 3-92）。随后两拳上架变掌，两臂左右分张，抬右腿向正前方蹬出（图 3-93）。

要点：身体平衡，以腰为轴，敛气凝神，劲力集中。

用法：彼从正面击我，我用双拳变掌架封其势。抬脚点踢彼腹，使其立仆。

图 3-92　披身蹬脚（一）　图 3-93　披身蹬脚（二）

第51式　双风贯耳

两拳取外线击人耳部，称为双风贯耳。

承接前式，两手内翻向下松沉，同时抬右腿，两手捭膝臂外旋，变拳划圆在右前方相对，同时右腿在右前方落步成为右弓步（图 3-94、图 3-95）。

图 3-94　双风贯耳（一）　图 3-95　双风贯耳（二）

要点：含胸拔背，腰裆拧扣，小臂滚卷，上肢不得僵硬。

用法：下扰上取，双拳直贯对方耳门。太极起势即破解双风贯耳。

第52式　二起脚

两腿左右连环蹬踢，称为鸳鸯腿法二起脚。

承接前式，双拳内翻立肘，腰右转，双拳内扣，扭腰坐盘（图 3-96）。两拳变掌分张，同时抬左腿蹬出，目视左掌（图 3-97）。随后左腿下落里扣，转身360°。左脚落在右脚左前方定式，然后抬右腿，将右脚蹬出，目视右掌（图3-98）。

要点：在运行中含胸拔背，腰裆拧扣，小臂滚卷，身手眼步协调一致，蹬左脚劲力贯于脚跟，转身时中定站立，虚灵顶劲。丹田之气，一呼即出。全身舒展，两腿变换敏捷利落。

用法：如敌从左侧击我，我以右手将采其臂，顺势向其肋间蹬踢。彼从右侧攻我，我即转身上掤其臂，用右足蹬其肋部完成二起脚。

图3-96 二起脚（一）　　　图3-97 二起脚（二）　　　图3-98 二起脚（三）

第53式　右搂膝拗步

与第9式右搂膝拗步相同。

第54式　左搂膝拗步

与第6式左搂膝拗步相同。

第55式　手挥琵琶

与第11式手挥琵琶相同。

第56式　搬拦捶

与第12式搬拦捶相同。

第 57 式　如封似闭

与第 13 式如封似闭相同。

第 58 式　抱虎归山

与第 14 式抱虎归山相同。

第 59 式　十字手

与第 15 式十字手相同。

第 60 式　左顾右盼

与第 16 式左顾右盼相同。

左顾右盼—斜单鞭

第 61 式　揽雀尾

与第 17 式揽雀尾相同。

第 62 式　斜单鞭

与第 18 式斜单鞭相同。

第 63 式　右野马分鬃

承接前式，两手一左一右，一上一下，合抱为怀抱琵琶。左手在胸前，掌心向外，右手在左腰下侧插掌，手心向外，在腰裆劲的作用下右手外翻，肘向里扭，手高于右额前方，外掌外翻停于左胯侧旁，同时右腿向右侧前方迈出成为右弓步（图 3-99、图 3-100）。

要点：在运行时要求虚灵顶劲，自然灵动，坐腰松胯，身法矫健。两臂斜向分张，一呼即发，或拧步或转腰，开合变化势如奔马。

用法：彼向我进击，我即用怀抱琵琶横采其臂，彼撤我顺势进攻，小臂上挑，使其腾虚，也可立肘攻其肋部，亦可翻掌击其胸部，另可套插裆进步，靠击其身，如摧枯拉朽。

图 3-99　右野马分鬃（一）　图 3-100　右野马分鬃（二）

第 64 式　左野马分鬃

同右野马分鬃，左手在右腰下侧插掌，手心向外，唯左右互换（图 3-101、图 3-102）。

图 3-101　左野马分鬃（一）　图 3-102　左野马分鬃（二）

第 65 式　右野马分鬃

同第 63 式右野马分鬃。

第66式　玉女穿梭

承接前式，原地做一个野马分鬃。腰右转，左手从右臂下穿出，同时右臂滚卷回抽，右手内翻在右额前，重心移至右腿，右掌外翻在右前方，在腰劲的作用下成为左弓步，同时右掌向左前上方缓缓推出，掌心向前，目视右手，左掌运转至左额上方定式，完成第一个穿梭，方向为西南隅角（图3-103~图3-105）。随后提右腿转身向右后方移步，左脚独立运转，用上述方法向东南隅角运行，完成第二个穿梭（图3-106、图3-107）。然后原地加一个野马分鬃式（图3-108）。而后抬左腿移左步向东北隅角运行，用同样方法完成第三个穿梭（图3-109~图3-111）。然后继续撤步转身，向西北隅角运行完成第四个穿梭（图3-112、图3-113）。

要点：玉女穿梭，运行八方，掌穿四隅，翻卷拧裹，如玉女之柔和，敏捷灵巧，进退转换，连绵不断。进则上下相随，退则节节松开，以腰为轴，步动身随，轻柔灵动，忽隐忽现，极柔软而内里极坚刚。

用法：彼擒拿我右臂，我即松腰胯抬左掌从右臂下穿出，以截其腕臂，如彼后撤，我即臂腕滚动，在腰裆的作用下避实击虚以卸其力，然后两臂分张斜劲而出，或肩靠或膝打或肘击或翻掌，均可一呼即发，打上封下，运用自如。

图3-103　玉女穿梭（一）　　图3-104　玉女穿梭（二）　　图3-105　玉女穿梭（三）

图 3-106　玉女穿梭（四）　　图 3-107　玉女穿梭（五）　　图 3-108　玉女穿梭（六）

图 3-109　玉女穿梭（七）　　图 3-110　玉女穿梭（八）　　图 3-111　玉女穿梭（九）

图 3-112　玉女穿梭（十）　　图 3-113　玉女穿梭（十一）

第67式　上步揽雀尾

承接玉女穿梭，在走架中加一个拿敌臂、踩敌腿的抓踩动作，进步一个小琵琶（图3–114~图3–117）。然后再上步揽雀尾，与第17式揽雀尾相同（图3–118）。

图3–114　上步揽雀尾（一）

图3–115　上步揽雀尾（二）

图3–116　上步揽雀尾（三）

图3–117　上步揽雀尾（四）

图3–118　上步揽雀尾（五）

第68式　正单鞭

与第32式正单鞭相同。

第69式　云手

与第33式云手相同。

第70式　云手

与第34式云手相同。

第71式 云手

与第35式云手相同。

第72式 斜单鞭

与第36式斜单鞭相同。

第73式 下势

图3-119 下势（一）　　图3-120 下势（二）

身体下降以避敌锋称为下势，承接斜单鞭，双手向左斜前方上架，左掌从右掌腕上向前外翻转穿出，然后双掌沉採，在腰劲的作用下向下做捋，仆步下按，右腿屈膝下蹲坐，左腿扑地，两掌定位后，作小琵琶手，以静待动（图3-119、图3-120）。

要点：身法起落协调一致，仆步时身法中正，虚灵顶劲。支撑八面，松腰沉胯，十指抓地。

用法：如彼攻我，我俯之弥深以避其锋，随做小琵琶以蓄劲力。

第74式 左金鸡独立

承接前式，缓缓提右腿独立。重心移至左腿，同时右掌提起至右侧前方，立掌沉肘，左掌下按至右腿膝侧（图3-121）。

要点：单腿独立，重心移至一腿，必须立

图3-121 左金鸡独立

身中正，不偏不倚，上则虚灵顶劲，下则五趾抓地。手足起落主宰于腰。

用法：独立时臂含掤劲，上手臂可护耳，脚尖下垂有点踢之意，保持三尖相对，如雄鸡展翅之势。彼攻我，我可做将，又可上挑其臂，膝攻其腹，肘攻其胸，左右交换应用。

第75式　右金鸡独立

与左金鸡独立相同，唯左右交换（图3-122）。

第76式　左倒撵猴

与第20式左倒撵猴相同。

第77式　右倒撵猴

与第21式右倒撵猴相同。

图3-122　右金鸡独立

第78式　左倒撵猴

与第22式左倒撵猴相同。

第79式　右斜飞式

与第23式左斜飞势相同，唯左右互换。

第80式　斜单鞭

承接前式，左掌向左侧下方做捋式，重心移左腿，同时右转身，右手臂搬采，左手随之抄左腿，提手向左侧斜方伸展，右掌变撮勾以接单鞭（图3-123~图3-125）。

第81式　提手上势

与第4式提手上势同。

图 3-123 斜单鞭（一）　　　图 3-124 斜单鞭（二）　　　图 3-125 斜单鞭（三）

第 82 式　白鹤亮翅

与第 25 式白鹤亮翅相同。

第 83 式　左搂膝拗步

与第 26 式左搂膝拗步相同。

第 84 式　海底针

与第 27 式海底针相同。

图 3-126　上步搬拦捶（一）

第 85 式　扇通背

与第 28 式扇通背相同。

第 86 式　撇身捶

与第 29 式撇身捶相同。

第 87 式　上步搬拦捶

与第 30 式卸步搬拦捶相同，唯变退步为进步（图 3-126~ 图 3-130 ）。

图 3-127　上步搬拦捶（二）

图 3-128　上步搬拦捶（三）　图 3-129　上步搬拦捶（四）　图 3-130　上步搬拦捶（五）

第 88 式　揽雀尾

与第 17 式揽雀尾相同。

第 89 式　正单鞭

与第 32 式正单鞭相同。

第 90 式　云手

与第 33 式云手相同。

第 91 式　云手

与第 34 式云手相同。

第 92 式　云手

与第 35 式云手相同。

第 93 式　斜单鞭

与第 3 式斜单鞭相同。

第94式　白蛇吐信

承接斜单鞭，右手臂下落收回且随身法左转，左手扶于右臂肘处，同时重心移至右腿，左脚脚尖

白蛇吐信—合太极

点地，右掌内翻转，左掌在右腕处缠绕并斜向右上方穿去，手心向上，身法为右转，左脚随之向右前方上步成左弓步，右掌落于左腋下方，掌心向下，目视左手中指（图3-131~图3-133）。

图3-131　白蛇吐信（一）　　图3-132　白蛇吐信（二）　　图3-133　白蛇吐信（三）

要点：在运动中，劲力贯于手指，转身180°，两掌在运转时翻卷沉粘，与身法、步法上下相随，周身一家，精神集中，贯于头顶。

用法：我用腰转化彼进击之手臂，用蛇信掌或迎面掌直穿而上，或封或锁，稍做变化，即使彼跌出。

第95式　十字摆莲

两手交叉横分如十字，用脚面横劲旁踢称为十字摆莲。承接白蛇吐信，身形右转，两臂随身形转向正面胸前交叉，抬右腿向左上前方摆踢，同时左手拍击右脚面（图3-134、图3-135）。

要点：身法轻灵，左足抓地支撑重心，尾闾中正，神贯于顶，左手击拍和右脚摆踢要协调一致。

用法：彼自身后袭来，我转身用掌采彼击来的拳或手，同时用脚横踢其身，彼用腿踢来，我则用搂膝步，下搂上应以掌击之。

图 3-134 十字摆莲（一）　　图 3-135 十字摆莲（二）

第 96 式　右搂膝拗步

与第 9 式右搂膝拗步相同。

第 97 式　指裆捶

承前式左搂膝拗步变左弓步，右掌变拳直插敌裆，运用腰脊之力，一呼即出（图 3-136）。

要点：头要顶，不要前俯。肩臂关节自然松开。步法轻灵，后发先至。

用法：指裆捶是五捶击法之一，先搂后击，一发必中。关键在腰胯发劲，完整合一。

图 3-136　指裆捶

第 98 式　上步揽雀尾

与第 17 式揽雀尾相同。

第 99 式　斜单鞭

与第 3 式斜单鞭相同。

第 100 式　下势

与第 73 式下势相同。

第 101 式　上步七星

承接前式，左右手交叉斜向上架击，进右步为虚脚，脚尖点地，重心移至左腿（图 3-137）。

要点：此式虚实分明，含胸拔背，左腿微屈坐实。

用法：上手可架击挑打，两掌下落可变为下按彼身，或搂採彼腿，膝顶足踹皆为用。

图 3-137　上步七星

图 3-138　退步跨虎

第 102 式　退步跨虎

一勾一掌，两臂分张，一足提起，一足点地，状如伏虎。承接前式，右足向右后方退步，定位后五趾抓地。左足同时收回脚尖点地。两掌左右沉採，右掌在右前方定位。左掌变勾在左侧下方定位，右腿半蹲目视左后方（图3-138）。

要点：进前退后，变转自如。双手后撤，含分劲和沉採力，身体拧合，保持平衡。

用法：彼向我进攻，我则用掌沉採其来势，用脚钩挂其前足使其跌倒。彼用掌击我，同时用脚踢我，我即用勾手将其脚腕黏住，并用另一手採其拳臂，随之进掌直逼其侧面使其倒地。

第 103 式　白蛇吐信

承接前式，身体右转上左步，左手向前方

穿出，手心向上。目视左手，右手移于左肘下，手心向下（图3-139）。

要点：转体，同时左手从右手臂上穿出，步法为左弓步。

用法：彼向我进攻，我用右手沉采，左手直奔对手咽喉，或扑面或锁喉或肘靠击之。

第104式　双摆莲

图 3-139　白蛇吐信

承接上式，两手变拳，两臂翻转上举至右前方下落，同时抬右腿横摆踢，双掌随之拍击脚侧，完成双摆莲动作（图3-140、图3-141）。

要点：此为独立架势，左腿支撑重心，腰松胯实。在运行中双拳化掌，状如旋风，如秋风扫落叶。

用法：彼用右拳向我胸部击来，我左手拿其腕，右手拿其肘，滚卷下压使其扑地。同时摆脚击其腿腰脊背，两掌扑击其面部。

图 3-140　双摆莲（一）　　图 3-141　双摆莲（二）

图 3-142 弯弓射虎

第 105 式　弯弓射虎

承接上式，双掌自左划弧向右移动，右足自左向右落于原地，在运行中双手变拳由里向外螺旋迂回，在右前方向左侧击出，重心移至右腿，弯曲下蹲（图 3-142）。

要点：走架时内劲贯于双拳，身体探出蹬左腿，拧腰合胯，螺旋发力。

用法：彼向我击来，我右手捋劲，彼撤，我顺势发人做弯弓射虎。

第 106 式　上步揽雀尾

与第 17 式揽雀尾相同。

第 107 式　正单鞭

与第 32 式正单鞭相同。

第 108 式　合太极

太极拳走架结束，还原到开始状态称为合太极。恰好运行到起势位置，身法端庄，两手平缓徐舒，随身形一起在体前下降，双手微含沉劲，同时收右脚，脚尖点地。两腿微蹲，然后慢慢立起，重心还原于两腿之间，两脚距离与肩同宽，两手落于身体两侧，手心向后，目视前方，意境还须回归到起势状态（图 3-143~图 3-145）。

要点：动作松柔沉稳，神态端庄平静，呼吸自然均匀，圆满大方，气沉丹田，缓缓而收。

用法：彼用双掌击我胸部，我则双手沾黏其左右手腕，向下沉采，稍微向右或左转腰胯，即可发放，将其弹出，亦可引劲落空，用挒劲或採或捋将彼放出。

图 3-143 合太极（一）　　　图 3-144 合太极（二）　　　图 3-145 合太极（三）

从弯弓射虎到合太极添加一些动作以求连贯完整，如白蛇吐信、进步搬拦捶等回到起势位置。

关于盘架子

总结获取太极拳术成效的经验，最重要的是坚持实践，实践出真知。每天早晨和晚上各做一次锻炼，"晨昏无间，寒暑不易"，认真地体会和琢磨，肯定能够获得健壮的体魄和深湛的太极拳术造诣。

盘架子是太极拳术的基础。一般来说，"入门引路须口授，功夫无息法自修"，要借助于前人的经验教训而避免走弯路。此时应着重理解每招每式的作用和意义，务求正确，至少在外形姿势上要正确。"学拳容易改拳难"，一旦错误的或不正确的姿势形成动力定型，再想改正就十分困难了。因此，应该经常观摩学习，最好是有人旁观指导，及时发现问题，加以改正。

太极拳架中，每招每式都取法乎自然，反对矫揉造作，从而具有优美的艺术造型。例如，太极起势与合太极，形象端庄稳重，巍然沉静，神舒体逸；揽雀尾式圆活犀利，进退灵动，变化多端；单鞭舒展稳重而又有通臂劲力的运行；白鹤亮翅呼吸深长，神态安适大方；搂膝拗步虚实分明，转动轻灵；如封似闭蓄而后发，开合有致；倒撵猴式松静利落，从容不迫；左顾右盼兼顾八方，机警灵动；打虎式目光似箭，凶猛威武；玉女穿梭滚卷起落，纤巧精密；云手悠然松活，沉静雄浑……每天盘架子时，要在自然之中表现出每个定式的艺术形象，贯之以神。这样，不仅有助于深入理解单式的意义，也能产生丰富的趣味，使一趟太极拳，从头至尾，在轻慢圆匀稳的动作之中，连绵不断，滔滔不绝：其中有静，要静如山岳，端庄稳重；其中有动，要动似江河，气势磅礴；而动中有静，静中有动，处处贯穿精神，时时生有意境。

此外，应该了解到，太极拳术是在一套完整的指导思想之下建立起来的，经过多少代人反复推敲琢磨，不断地修补订正，才形成今天的太极拳架。尽管各派太极拳架有所不同，但它们都始终贯串着体（行功、走架、锻炼）用（推手、打手、应用）一致的原则，"走架即是打手，打手即是走架，此皆一理"。所谓体用一致，即在体时，要拟想与敌打手；而在用时，必须活用拳架。因此，在盘架子时必须"贯串"——"周身节节贯串""由脚而腿而腰，总须完整一气"；又须"用意"——"凡此皆是意""势势存心揆用意"；而在推手时，也必须"贯串"——"随曲就伸，不丢不顶""两手支撑，一气贯串"；更必须"用意"——"要刻刻留心，挨何处，心要用在何处""以意运气，非以力使气也"。

太极拳术的体用原则是以太极阴阳学说作为理论基础的。体用太极拳时，应该做到："太极即周身，周身即太极""周身一家，宛如气球""无一寸非太极"，从而要求"内固精神，外示安逸""神宜内敛"，要求"心静""用意"，也要求"贯串""完整"。在太极中包含着"阴阳"——"动静之机，阴阳之母也"，而阴阳则指动静、开合、虚实，指呼吸、蓄发，也指上下、左右、前后、内外、刚柔、顺背、仰俯、进退，以及其他相互对立而又相互依存的事物。阴阳之间的关系，必须是"阴阳互济""阴不离阳、阳不离阴"。古典拳论要求"须悟太极之理""须悟阴阳相济之义"，并在体用中达到"阴阳互济，方为懂劲"。而"懂劲"被认为是理解并掌握太极拳术的标志：不懂劲时，经常陷入"双重则滞"，其结果必不能运化，易为人所制；"懂劲后，愈练愈精"，渐至"从心所欲"，是以"由懂劲而阶及神明"。显然，这是两种完全不同的境界。其间的转化，则必须在理论上懂得太极阴阳学说，并在实践上善于运用太极阴阳学说。

太极拳法对于周身各个部分都有不同而又统一的要求。从周身整体来看，有身法、步法、手法和眼法之分，又有动作、呼吸与意识之结合。严格遵守太极拳术的基本要求，通过长期实践锻炼，能使外形完满、协调、空松圆活，内劲轻灵流利、变化万端，进而身灵神聚，内外合一，柔中寓刚，圆融精妙。这些要求如下。

（一）虚领顶劲

头部虚领上顶，有如悬线将头部提起，使其平正而不倾斜。下颏内含，颈部松直自然而不僵硬，则虚领顶劲能使脊骨端正，筋肉顺遂。头处于人体最上部，头颅中有脑，大脑主思想，小脑主运动，脑可支配神经，主宰全身。因此，"满身轻利顶头悬""精神能提得起，则无迟重之虞"。灵机于顶，不仅能使全身轻灵活泼，免除重滞，而且是身心合一、内外兼修、使精神与躯体相结合的关键，必须当成全身整体运动的纲领。

（二）尾闾正中

太极拳要求身体"立如平准，活似车轮"，所以，应"立身中正安舒，支撑八面"，使"尾闾正中神贯顶"。从头顶，经躯干，至会阴须保持成一条直线，上领顶劲，下守重心，无论身体向何方转动，都必须保持这条直线，并使脊骨根正对脸部中间，尾闾正中，周身中正，保持任督二脉畅通。这样，可以免除身体前俯、后仰、左歪、右斜，偏颇失中，否则稍受牵引，就失去重心平衡。也只有如此，才能做到形象端庄而能变化，既稳重又轻灵。

（三）含胸拔背

太极拳中，含胸拔背寓意于变化。"含胸"是胸部含而不露，既不能内凹如佝偻，也不应挺胸而外凸。"拔背"指脊骨顶微向外鼓起，使"牵动往来，气贴背，敛入脊骨"。能含胸，就能拔背。但含胸拔背主要表现在意识中，而不是用力；是在自然正直的基础上所做的意想，不要求外形上有所表露。否则必将破坏太极拳法纯任自然的原理，也必破坏中垂线的平准，而出现凹凸，出现缺陷。

（四）吊裆裹臀

肛门寓劲上提，臀部内收，将裆撑圆合住，称为吊裆裹臀，亦即"腰腾劲"。"命意源头在腰际"，腰是四肢运动的中轴，关系到全身平衡的调整与内劲的运转，所以，须"活泼于腰""刻刻留心在腰间"。拧腰扣裆与塌腰提裆是腰裆劲的变换，必须松活灵动，左旋右转毫不滞重，才能平衡重心。胸背能变化，腰裆能灵活，则折叠有术、转换有方，可以应付各种变化。是故"紧要全在胸中腰间，不在外面"。而蓄劲与发劲的中心环节也是腰，"腰如弓把"，要有弹性，有暴发力。因此，任何动作，必须首先腰动，然后四肢再动，"主宰于腰"。动腰时，要注意吊裆裹臀。

（五）沉肩坠肘

松开肩肘关节，在击技中有重要作用。沉肩不是耸肩，是使肩松而下沉，则臂膀的骨缝张开，两臂运转自然灵活。耸肩也称寒肩，使气上浮，重心升高，影响稳定。坠肘是肘尖时常取向下之意，除非用肘击人时才以肘尖对人。肘松而下坠，则劲力内含，有助于沉气，既能护肋，又可增加手臂伸引、回缩的力量。

（六）腕随掌转

太极拳中，手法应有圆活之趣。腕随掌转，膀随腕转，触处成圆（横圆、竖圆、斜圆、正圆、逆圆、大圆、小圆、半圆，以及外形上无圆的表现而在意味上的圆）。腕、肘、肩、胸、腰、胯、膝、踝都做圆形运动，进而使内脏随呼吸也做旋转按摩，气血则循经络路线缠绕运转，形成体内、体外，一动无有不动，动皆做圆，产生无穷趣味。所有这些圆运动，都是在用意不用力的原则下，以腰为主宰，而主要表现在手掌上的。因此，手指应微屈而不硬直，掌腕要圆活而能沉稳，不疲软，不僵滞，从而达到空松圆活。但是，所有圆运动，必须随处可以化为直线，"曲中求直"，有蓄有发。

（七）虚实分明

"虚实宜分清楚。一处自有一处虚实，处处均有一虚实。"腰胯以下为支持全身的基础，步法的灵活与滞重关系到身腰的转换，关系到全身的平衡。是故迈步要轻灵有如猫行，落步时稳健如临深渊，进退转换必须虚实分明。"虚非全然无力，实非全然占煞"，应该虚中有实，实中有虚，虚实渗透，变化随机。步法有虚实，身法也有虚实，处处都有虚实，必须分清。"步随身换"，要随身法的变化改变步法，协调而不僵硬，及时调整重心，转换顺遂而能保持平衡。腰裆劲与步法结合，可使下肢稳重不可动摇，又有利于上肢躯干"立如平准，活似车轮"。先做到虚实分明，才能逐渐达到互相渗透。

（八）气沉丹田

丹田亦名气海，在人身脐下三寸，为人体重心所在的地方。"气沉丹田"指腹部鼓荡，使身体上部的气劲下沉而集中于丹田，并用提肛圆裆使身体下部的气劲也集中于丹田，从而，身体上下俱轻灵，而重心部位独实重，意念完全集中于此，是故也称"意守丹田"。用鼻呼吸是人的本能。吸氧呼碳（即二氧化碳）是新陈代谢，有改善机体、增进健康的重要作用，必须深长匀细。因此，盘架子时大多要求出气不得耳闻，以之为深长匀细的标准。"遍体气流行，一定继续不能停"，说明任何动作都必须与呼吸结合进行；而"行气如九曲珠，无微不到"，则说明气的运行应达到身体的任何部分，甚至是身体的四梢（手指尖与脚趾尖）。这样就称为"呼吸通灵，周身罔间"。但是，"以气运身务令顺遂，乃能便利从心"，要以意导气，增大肺活量，而不以力使气，强迫呼吸。上述呼吸与一般呼吸不同，是用腹部进行的，"腹内松净气腾然"。"气宜鼓荡"，则是用腹部的鼓荡变化来进行行气的运转。这种腹式呼吸和自然呼吸相反，吸气时腹部收缩，为合、为蓄、为虚；而在呼气时腹部鼓起，为开、为发、为实。这样的一呼一吸所进行的鼓荡，即一开一合，一实一虚。这是我国古代流传的体育保健方法，称为吐纳。它既能增大肺活量，更能使腹腔横膈膜对脏腑进行按摩，锻炼五脏六腑，改善其功能。为此，腹式呼吸应贯串在整个太极拳架中，也应贯串于太极推手之中。初练太极拳时，可采取自然呼吸（吸气鼓腹，呼气收腹），但在熟练掌握拳架的过程中，必须逐渐习惯于采用腹式呼吸，否则就不能与开合、虚实、蓄放结合起来，即不能顺遂贯串，不能"气遍身躯不稍滞"，从而，也不可能获得"吸则自然提得起，亦拿得人起；呼则自然沉得下，亦放得人出"的高度击技效果。这样，使导引与吐纳相结合，将能获得良好的医疗保健效果。

（九）内劲运转

"太极拳不在样式，而在气势，不在外面而在内。"手法中的圆运动各式各样，但都必须在内劲的统一支配下，做虚实开合变化。所谓内劲，"在内不在外"，是意识长期统率之下使呼吸与动作相结合的锻炼，在精神意念贯注之下，体内形成的一种既沉重而又轻灵、既刚硬而又柔软的劲力。这种动力具有柔中寓刚、绵里藏针的特点。内劲运行的路线是："由腰形于脊骨，布于两膊，施于手指""运之于掌，通之于指"。内劲运转时要求"由脚而腿而腰，总须完整一气"。因此，在太极拳走架与打手中，随着掌腕的开合，全身协调一致，而内劲做前进与后退两种不同的运转，内外相合，完整贯串。动作中，开为呼、为伸、为实、为发，内劲则由丹田上经胸、肩、臂、肘、腕而达于掌指，下过胯、腿、膝、足而达于脚掌脚趾；合为吸、为退、为虚、为蓄，则内劲路线与上相逆，由四梢而归聚于丹田。这种内劲进退的运转，有人也称为缠绕，寓有虚实、开合的变化。但是，"虚非全然无力，气势要有腾挪；实非全然占煞，精神要贯注"。腾挪是动的准备，贯注是静的集中，都在于意念。有时，目光集中于意想之处，则劲力"达之于神"。因此，太极拳法要求目光随主要之手的运动而向前平视，庄严而灵动，威武而不呆滞，称为眼法。是故"神宜内敛"，含而不露，既不暴露自己劲力运转的动向，又能观察对方变化的意图。

（十）凡此皆是意

太极拳法要求，呼吸和动作都必须由意识来统率，用意不用力。虚领顶劲要将意念用于顶部，提起精神；尾闾正中取意于端庄，保持身体上下一线相通；含胸拔背取法于自然而寓意于变化；吊裆裹臀注意于腰间变换，调整平衡；沉肩坠肘，腕随掌转，或随曲就伸，或曲中求直，都是跟随意念而动；虚实分明、气沉丹田以及内劲运转使动作开合有致、上下完整、内外协调，也是用意获得的。"凡此皆是意"，是"先在心，后在身"，所有太极拳动作及以上要领都必须在意念的支配下进行，而不是努气使劲去达到，"切记不可用力，不可尚气""尚气者无力，养气者纯刚"。所谓养气，就是在意识引导下，腹式逆呼吸深缓匀细，"心为令，气为旗""以心（意）行气"。意念在太极拳中始终居于主导地位。必须先有意，才有气的呼吸鼓荡和劲力的缠绕往复，也才有肢体的运动。只有"心灵与意静，自然无处不轻灵"，只有"意气须换得灵，乃有圆活之趣"。"凡此皆是意"要求把周身看成整体，看成气球，将意识贯注于身体内外、上下、左右、前后，进而达到"表里粗精无不到"的高度完整的境界，圆融精妙，"行住坐卧皆是太极"。

上述这些基本要求，在太极拳行动走架时如此，在太极推手实践中也是如此。根据这些要求，长期坚持锻炼，不仅能够提高太极拳术水平，获得精湛的击技能力，也可以获得增强体质、防病健身，以及治疗一些慢性疾病的效果。为了便于掌握这些要领，现将它们概括成歌诀形式以供参考。

太极歌诀

心率气行布四梢，顶灵身端蓄腿腰。

神舒体逸守丹田，虚实变化因意高。

动中寓静静犹动，圆中有直直亦圆。

太极一元多辩证，阴阳两仪不固定。

推手

太极推手，也称打手或搋手，是太极拳术练习击技用招的方法，也是学习太极拳法以致应用的中间途径。

太极拳架综合各种武术的精华，经过总结提高，概括成现在流传的几种拳式形态。它是在完整的拳术理论指导下，兼顾保健和击技的体操运动。一般地说，只要坚持锻炼，深入体会其理论原则，并使理论和实践紧密结合起来，就可以收到良好的成效。

但是，在有经验的太极拳术家中，流传着这样一句话：练太极拳而不练推手，等于不练。这句话强调的地方是，拳架本身具有极高的医疗保健作用，许多人已经通过经常走架而获得健康，并以充沛的精力从事工作和学习。然而，从进一步提高对太极拳法的认识和理解程度，特别是从击技运动出发，这句话则具有指导性的意义，是行家的经验谈。因为太极推手必须全神贯注、轻灵活泼，长期练习能获得浓厚的兴味情趣，引人入胜；太极推手是在拳架基础上的进一步发展，却又具有与拳架不同的效果，只练拳架而不练推手，很难深刻地领会太极拳法的各种要求，更不能灵活运用拳架，自如地呼吸行气，巧妙地发挥劲力，从而达到击技运动的高度成就。

"走架即是打手，打手即是走架。"要求在练习太极拳架时，必须处处拟想与敌打手，无人若有人，揣摩每招每式的作用，并使精神贯注；在太极推手时，则应灵活运用拳架中总结的各种击技招法和动作，善于运气，巧于用劲。这句话实际上还描述了太极拳术的基本要求，以及锻炼过程中所应具备的境界。因此，练习太极拳法应该首先熟谙太极拳架，接着用推手奠定学以致用的基础，然后再使走架与推手相辅相成。只有在拳架与推手的多次循环反复之中，才能逐渐加深体会和理解，使理论和实践紧密联系在一起。由此可见，太极拳法既不是单纯走架，也不是单纯推手而能求得的。太极拳术的造诣，必须是在推手与走架互相紧密结合中才能获得。

太极推手的种类极多。主要可分为定步推手和活步推手两种。定步推手是活步推手的基础，即训练掤、捋、挤、按的四正推手。活步推手有杨式大捋，即训练採、挒、肘、靠的四隅推手。我们所练习的则是圆形活步推手。此外，还有单推手。尽管单推手的种类也很多，却并不一定是必经的途径，所以，我们不谈单推手，而从太极推手的基本问题开始论述。

太极推手的基本问题

很早以前，曾经流传过一个"八字歌"，论述太极推手，并强调指出其基本问题。"八字歌"是：

> 掤捋挤按世间稀，十个艺人十不知。
>
> 若能轻灵并坚硬，沾连黏随俱无疑。
>
> 採挒肘靠更出奇，行之不用费心机。
>
> 果能沾黏连随字，得其环中不支离。

在这个歌诀中，不少人认为，"十个艺人十不知"可能是文字流传中的错误，理由是，否则掤、捋、挤、按就不会流传下来。因此，建议改为"十个艺人九不知"。但是，若从强调掤、捋、挤、按的重要性，强调认识和实践的无限性来看，则原作者的提法应是无可厚非的。

这里，提出了三组名词，并对它们在击技中的作用给予了相当高的评价。它们是掤、捋、挤、按，採、挒、肘、靠和沾、黏、连、随。

掤、捋、挤、按是太极推手中的四个正向动作，也称四正；採、挒、肘、靠是推手中的四个斜角动作，也称四隅；四正四隅合成太极拳法中衬敌打手的基本方法，具有强烈的击技作用。沾、黏、连、随是太极拳术中对敌打手的基本原则；和它们相反的是顶、扁、丢、抗，即太极拳法中规定的主要禁忌。

此外，太极拳经指出："偏沉则随，双重则滞。"又说："每见数年纯功，不能运化者，率皆自为人制，双重之病未悟耳。"这里又提出太极推手中另一个必须注意的基本问题：偏沉和双重。

基本手法

太极拳也称十三势，因为它掌运八方，即掤、捋、挤、按、採、挒、肘、靠；足行五步，即进、退、顾、盼、定。十三势也就是太极拳术在击技中的基本方法。其中前进、后退、左顾、右盼和中定是步法，步随身换，步法要与身法协调一致，灵活稳重。而手法也称为推手八法，具体如下。

掤：在太极拳法中，将向上向外之力称为掤。双方搭手，对方进身做攻势，以手前进；我则逆敌方向，承其劲力而含有向上向外的劲力，使对方的劲力既不能达到我的胸部，又不能随其意而下降，即所谓掤劲。

掤劲在太极拳法中极为重要，无论前进后退，左旋右转，掤劲都不可失。这里应注意之处有三：第一，掤劲是沾住对方，而不是与之相对抗；第二，掤劲要保持自己臂肘有一定的弧度，而不使自己的小臂靠近胸腹；第三，掤劲要贯彻敌进我退的原则，而此处的进退都是

搭手，掤劲

左掤右挤

腰腿的运动。这样，使对方直来的劲力成为我动作弧线上的切线，如果对方继续加力，其劲力将失去着力点，影响身体平衡的稳定，并将受到我的支配。

捋：在太极拳法中，将向旁侧的横力称为捋。对方向我进攻时，我沾住其腕肘，顺其前进之势而领向身体左侧或右侧，即在对方劲力之上再略加向旁侧的小力，使对方身体受到更大的旁侧方向的合力。

捋劲的关键有三：首先，要顺对方的劲力而动，略微改变其方向；其次，要转腰坐胯，含胸拔背而不得僵滞；最后，须连着对方腕肘，并防止对方借捋劲而肩击胯打。这样，只要将自己先安排好，对敌人的劲力采取顺应而施力的原则，就能使对方失去平衡，陷于被动。

挤

挤：挤是压迫，有向外之意。在太极拳法中，将挤住对方，使其失去运化的外推之力称为挤，即以手、臂、肩、背黏住对方身体，从而向前推掷。

挤劲是进攻，其目的在于排挤对方失去平衡而离开原来的位置。因此，在挤法中，手臂要用力，而更重要的劲力却要来自腰腿，

右挤左按

脚趾抓地，前腿弓，后腿蹬，腰部发力，直向对方重心，威力很大。

按：将劲力向下称为按。在太极拳法中，用手下按，以抑制对方前进的攻击。其实，按劲表现的形式是以手向下，但是仍要贯以全身的劲力。这样就必须沉肩坠肘、松腰坐胯而气

往下沉。如果同时含有向自身方向牵引的趋向，则按劲可使对方足跟离地；同时向一侧牵引，则可使对方身体倾斜。所有这些都为向前发放创造条件。

采：在太极拳法中，将采制敌人的劲力称为采。按照一般的理解，采劲应是一松即紧，或一落即拔，先沉后提，或先顺后逆，和采花摘叶的劲力相同。双方手肘相持，或腕腕相接时，下沉使对方反抗而上托，我则顺势提带使其足跟离地，就是采劲的应用。此劲力的先决条件是对方要有上托的劲力，否则即不能采制。

采

捌：在太极拳法中，将转移敌方劲力还制其身称为捌。应用捌手时，既要承受又要转移对方的劲力。前者是从人，后者是由己。从人须要顺遂，要顺应对方劲力的方向；由己应改变其方向，使动作呈弧线形式。弯弓射虎的螺旋劲，就是典型的捌手。对方向我进击，无论是单手或双手，我都可以用捌劲化制，但必须使动作与身体协调一致。此外，在太极拳法中，也将扑面掌称为捌手，在四隅推手中用作换手的方法。

捌

肘：在太极拳法中，以肘击人称为肘。肘是臂中间弯随处的骨尖，击人十分锐利，而且容易击中肋部或其他关键部位，使人受伤。因此，在应用中要慎重。

太极拳术中，肘法极多，应用也极为灵活多变。拳套中，揽雀尾、单鞭、云手、野马分鬃、肘底看捶等都含有肘法。用肘尖沉带对方，

肘

形成牵引的劲力，也是肘法。

靠：在太极拳法中，用肩背胯的外侧击人称为靠。本来靠的意思是倚靠，或依附，此处肩击胯打，必须是双方身体贴近时才能施用，也称为靠。

但是，用靠法必须慎重，如果不是在得机得势时而轻用靠法击人，则往往容易受到对方的转化，反遭受更严重的打击，因为应用靠劲将使自己身体的重心偏移过去，以致一击不中，自己反而失去平衡。

靠

古典拳论有"十八在诀"，扼要地点出应用太极十三势的关键，值得在学习和运用时注意：

掤在两臂，捋在掌中，挤在手背，按在腰攻，採在十指，挒在两肱，肘在屈使，靠在肩胸，进在云手，退在转肱，顾在三前（眼前、手前、脚前），盼在七星（肩、肘、膝、胯、头、手、足），空在有隙，中在得横，滞在双重，通在单轻，虚在当守，实在必冲。

作为"十八在诀"的解释，有"十三字行功诀"，从另一个角度论述太极十三势的应用：

掤手两臂要圆撑，动静虚实任意攻。

搭手捋开挤掌使，敌欲还招势难逞。

按手用招似倾倒，二把採住不放松。

来势凶猛挒手用，肘靠随时任意行。

进退反侧应机走，何怕敌人艺业精。

遇敌上前迫近打，顾住三前盼七星。

敌人逼近来打我，闪开正中空横中。

太极十三字中法，精意揣摩妙更生。

"八字歌"对于掤、捋、挤、按、採、挒、肘、靠给予了高度的评价，而太极推手更以这八种手法作为基本训练的内容，要求反复训练，灵活自如，一动无有不动。进一步分析这八种手法可以看出，前四种基本上是直来横去和横来直去，制掤用捋，克捋用挤，破挤用按，化按用掤，而破挤也可以用捋；后四种基本上是斜角动作，是在步法变换中，用肘克靠，用採制肘，用捌化採，用靠破捌，步随身换，腕随掌转，步法手法与身法变化协调一致，全身一动无有不动。

基本原则

应用掤、捋、挤、按、採、捌、肘、靠进行打手时，太极拳法要求遵守的基本原则是：沾黏连随，或舍己从人。"八字歌"认为，沾黏连随是获得"轻灵并坚硬"的基础，"得其环中不支离"。此外，"不支离"的意思是完整、不破碎；"环中"的意思是核心和关键。这句话指出，如果在打手中能够做到沾黏连随，因人所动，随曲就伸，不丢不顶，就是掌握了太极拳法的核心，也就可以获得击技运动的胜利基础。舍己从人是要求自己根据客观情况而变化，因势利导，而不要用自己的主观想象去迫人就范。否则，"由己则滞，从人则活"。但是，要想能够舍己从人，必须要善于沾黏连随，而不能有顶扁丢抗的现象出现。因此，在太极拳法中，对待敌人的任何动作都要符合沾黏连随的基本原则，而导致失败的原因产生于顶扁丢抗，即停顿和僵滞。

关于沾黏连随，前人曾经做过这样的阐释：

沾者，提上拔高之谓也。黏者，留意缱绻之谓也。连者，舍己无离之谓也。随者，彼走此应之谓也。要知人之知觉运动，非明沾黏连随不可。斯沾黏连随之功夫，亦甚细矣。

关于顶扁丢抗，前人曾做过这样的阐释：

顶者，出头之谓也。扁者，不及之谓也。丢者，离开之谓也。抗者，太过之谓也。要知于四字之病，不但沾黏连随断，不明知觉运动也。初学时，对手不可不知也。更不可不去此病，所难者，沾黏连随，而不许顶扁丢抗，是所不易矣。

在沾黏连随的原则下，尽量避免顶扁丢抗，是太极拳法的基本要求，也是对敌打手时处理各种动作的基本原则，所以，也称为"对待无病"：

顶扁丢抗，失于对待也。所以为之病者，既失沾黏连随，何以获知觉运动？既不知己，焉能知人？所谓对待者，不以顶扁丢抗相对于人也。能如是，不但无对待之病，知觉运动自然得矣，可以进于懂劲之功矣。

这样，从正反两方面，反复地说明沾黏连随的重要性，并指出这是和太极拳术的高级阶段——懂劲相联系的。

太极打手是对立双方的斗争。获得斗争胜利的基本关键在于了解敌我双方的情况，即所谓"知己知彼，百战不殆"。"知己"须在走架中打下八面支撑与八面转换的牢固基础，而在打手中能根据对方情况的变化，及时调整自己的平衡，使自己立于不败之地。"知彼"是在打手中自始至终贯彻调查研究精神，侦察了解对方的动作虚实，判断其动向意图，并采取相应的对待措施，破坏其平衡。这样，对于对方，则应尽可能不暴露自己的情况，"人不知我"，所以要求虚灵圆活、含蓄多变；而自己却要尽可能地了解对方的情况，"我独知人"，所以要求随曲就伸，静轻锐敏。归结起来，打手和走架一样，必须用意和贯串。

太极打手是训练身体敏感知觉的平衡运动，要求随时都能预测敌机，且根据侦察所得的虚实情况，对自己做出恰如其分的安排，对于对方采取有效的具体措施。础润而知雨，因微而知著。双方打手中的任何微小动作，都是对方攻守的朕兆，必须细心体察，并做出正确的反应。

侦察就必须与对方有所接触，否则必不能了解到真实的情况。"不入虎穴，焉得虎子。"大体了解或估计都不足以作为依据，特别是在斗争中，谁都知道应该采用虚虚实实的斗争艺术。但是，尽管强调侦察，又只能是微沾对方皮肤的接触，以了解对方的动态规律，而不能全力以赴，将自己完全暴露给敌人。因此，必须用"沾"，而不允许用力过大出头，发生顶撞，拒敌人于国门之外；也不允许用力过小，凹扁失去掤劲，向敌人敞开门户，给自己造成被动。因此，沾着对方，就是开始对其动态的侦察与了解，亦即开始听劲。此项要求应该贯彻于打手的始终，尽量掌握全过程，不是一部分，更不是浅尝辄止。

在用沾的同时，还要如胶一样黏住对方，不即不离，防止任何突然袭击，即所谓的"黏"。

对待对方的动作，要能舍己从人。舍己是不以自己为中心，不凭主观愿望或设想去办事。从人是因人所动，随曲就伸。只有将自己安排妥帖，在八面支撑与八面转换中，悉心体会对方的情况，才能摸清其运动规律，发现其动作的意图，即所谓的"连"。

如果能掌握对方的运动规律，清楚地判断其意图，则对方任何破坏我平衡的动作，我都能及时地调整，并采取正确的对待措施，即所谓的"随"。

沾黏连随都不能"丢"，也不能"抗"。"丢"是离开对方，失去接触，也就不能确切地了解对方的动向与意图，从而有受到对方意外打击的可能性，自己的动作也失去针对性，变成妄动。"抗"是严重的顶撞，根本不去了解客观情况，不知对方虚实变化，就企图用大力顶抗拒敌，实际上具有蛮干的性质。

在太极拳术中，运用掤、捋、挤、按、採、挒、肘、靠作为攻防的基本措施，而要求贯彻沾黏连随的基本原则，反对顶扁丢抗。其实，掤就是沾。这两个术语在要求上和用法上是完全相同的。太极打手时，处处要有掤劲，随时要用意沾着对方。受力而失去掤劲，必将不能掤圆而失去弧度，即受人刚劲而压扁，过柔而受制于人，失去沾字。若用沾以制人，而不为人所制，必须因人所动，不使有丝毫间断，进而，用黏以随人，化却对方劲力，使其失去控制能力。因此，沾黏连随就是"用意"和"贯串"的具体应用。

这种情况，有时也称为沾走，或黏走。沾（黏）以随人，自己不能失去运化，否则即是双重而滞；走以化力，又不能失去沾黏之劲，否则必病于偏沉而随。古典拳论指出："人刚我柔谓之走，我顺人背谓之黏"，正是以柔化克刚劲。所以，黏走必须相生，黏即是走，走即是黏，制即是化，化即是制。在这两者之间不得有任何停顿，任何间断。因此，在沾黏连随中也必须贯彻"用意"的原则，用意于贯串，用意去了解对方。对方有力，我亦有力，我力不与对方之力相顶撞；对方无力，我亦无力，集中精神，跟随对方变化，细心体察其虚实。不用意而用力，则必僵滞而失去敏感，丧失沾黏连随的原则。只有用意于沾黏连随，才能贯串一气，连绵不断，因人所动，随曲就伸，不丢不顶。这也就是太极拳术中的懂劲阶段。

轻重浮沉

太极拳击技从某种意义上来说，就是保持自己的平衡而破坏对方平衡的拳术运动。因此，在打手过程中，对平衡极为重视。影响平衡的因素，从自己主观方面来看，主要是劲力分配的轻重和呼吸鼓荡的浮沉。"太极轻重浮沉解"将劲力轻重以上下肢的左右相比较，分为双、半、偏三种情况；将呼吸对丹田吐纳的深浅，也分为双、半、偏三种情况，并说明如下。

双重为病，失于填实，与沉不同也。双沉不为病，自尔腾虚，与重不同也。双浮为病，只如飘渺，与轻不例也。双轻不为病，天然轻灵，与浮不等也。半轻半重不为病，偏轻偏重为病。半者，半有着落也，所以不为病。偏者，偏无着落也，所以为病。偏无着落，不失方圆。半有着落，岂出方圆。半浮半沉为病，失于不及也。偏浮偏沉，失于太过也。半重偏重，滞而不正也。半轻偏轻，灵而不圆也。半沉偏沉，虚而不正也。半浮偏浮，茫而不圆也。夫双轻不近于浮，则为轻灵。双沉不近于重，则为离虚。故曰上手轻重，半有着落，则为平手。除此三者之外，皆为病手。盖内之虚灵不昧，能致于如气之清明，流行乎肢体也。若不穷研轻重浮沉之手，徒劳掘井不及井之叹耳。然有方圆四正之手，表里粗精无不到，已极大成，又何云四隅出方圆矣。所谓方而圆，圆而方，超乎群外，得其环中之上手也。

这里将轻重浮沉分为十二种情况。其中关于轻重的有六种，即全轻、偏轻、半轻、半重、偏重、全重。双重指的是两手使用了全部劲力，两脚又平均支撑全身重量，从而，只有实没有虚，不能做任何转换变化；偏轻偏重，左右相差较大，自身难于平衡；半轻半重，既未使用全部劲力，左右距离又较接近，有利于平衡，也有利于变化；半重偏轻和半轻偏重，虽然只是程度上的差别，但左右均有，或轻或重，不利于八面支撑；半轻偏轻可以达到灵活，但过柔而失圆；半重偏重失去灵变而又出头；单重和单轻是相同的，左右相差悬殊，自身容易失去平衡；双轻是用意不用力，自然表现轻灵。

同样，对于浮沉也可以做类似的划分，只不过浮沉指的是气，呼吸要求深缓细长，气沉丹田。

"轻重浮沉解"在指出认真研究、仔细体会轻重浮沉的重要性的同时，更明确指出，在这四个字中，任何一种浮都不好；沉较重好，但仍利少而弊多；只有轻才利弊相当。但是，由于轻重浮沉是相互矛盾的，必须做辩证的处理，所以，要求双轻而不近于浮，双沉而不近于重，或者半轻半重，而极力避免双重。因此，太极拳的走架和打手，都必须用意不用力，气沉丹田而不上浮；虚灵顶劲以取得周身轻灵，身法中正，腰裆开合而不偏不倚，八面支撑，八面转换。

所谓轻重浮沉，就是柔刚、虚实，也是开合或阴阳。劲力和重量集中为刚、为实、为阳；否则为柔、为虚、为阴。全身重量集中于一腿，则此腿为重、为实，而另一腿为轻、为虚；劲力用于一手为重、为开，另一手为轻、为合。呼为沉为开，吸为浮为合。用阳刚以击人谓之开，用阴柔以自守谓之合。

在太极拳法中，这一系列的名词，都是相互对立而相互依存，相互联系又相互制约的。对待这些矛盾的双方，不能采取任何极端的做法，而必须做辩证的处理，即"阴不离阳，阳不离阴，阴阳相济"；虚中有实，实中有虚，虚实结合；刚中有柔，柔中有刚，刚柔相济。

古典拳论中有"阴阳诀"：

太极阴阳少人修，吞吐开合问刚柔。

正隅收放任君走，动静变化何须愁。

生克二法随招用，闪进全在动中求。

轻重虚实怎的是，重里现轻勿稍留。

同时还有"虚实诀"：

虚虚实实神会中，虚实实虚手行功。

练拳不谙虚实理，枉费功夫终无成。

虚守实发掌中窍，中实不发艺难精。

虚实自有实虚在，实实虚虚攻不空。

强调了阴阳、虚实的重要，并根据实践经验阐述阴阳、虚实的应用及其关键。

单重和双重是劲力分配的两个极端。前者大虚大实，阴阳相乖离，易成偏随，不利于平衡；后者有实无虚，有阳无阴，外貌是平衡，实际上不能运化，最易破坏平衡。因此，按虚实、阴阳来理解轻重，则有阳无阴和有阴无阳都不好；一阴九阳失之过刚，一阳九阴失之过柔；二阴八阳、三阴七阳和二阳八阴、三阳七阴都是阴阳偏盛偏衰、偏柔或偏刚而失于协调；四阴六阳和四阳六阴则近于平，可以应付突然变动做相应的转换变化；五阴五阳是阴阳相间，虚实兼备，说有则有，说无即无，柔中寓刚，十分虚灵，又极为沉重，从而被认为是太极拳术的最高境界。

由此可见，在太极拳行动走架时，要从大虚大实开始，经过多阳少阴或多阴少阳，逐渐往虚实结合、阴阳相济过渡，为自己奠定良好的基础；在太极打手中，则必须"谨察阴阳所在而调之，以平为期"，通过调节虚实、运化刚柔，在实践中逐步达到"阴不离阳，阳不离阴，阴阳相济，方为懂劲"。

呼吸在太极拳术中，一向受到很大的重视。但呼吸必须与动作紧密结合，在意念中达到"吸为合为蓄，呼为开为发"的要求。这样，浮沉也是上述阴阳、虚实的组成部分。因此，可以将人体想象成为一个气球，表里内外浑然一体，在意识的统率下，呼吸鼓荡，动作开合，虚实变换，自然贯串。

这里还有"听劲"的问题，即"谨察阴阳所在"的问题。这是太极拳术在击技中的基本问题。必须要求思想中对于阴阳有明确的概念，神经控制系统对于虚实有高度的敏感。因此，无论是走架，还是打手，都必须先有意动，才有身动手动，在动作中配合呼吸；以意将气下沉送入丹田，敛入脊骨，气遍身躯，无微不至。从而，前进不凸，后退不凹，左重则左虚，右重则右杳，沾黏连随，变化万端，有如气球。

正确地处理好轻重浮沉的关系，刻刻用意，时时动脑，先懂自己的劲力，再能预测对方的劲力，日久功深，气敛劲整，无意皆意，不法皆法，则可获得太极拳术的高度造诣。

四正推手

定步四正推手

在太极拳法中，用四正推手进行掤、捋、挤、按的训练和应用。四正推手可以是定步推手，也可以是活步推手（进三退二或进三退三），但通常指的是定步四正推手，要求步伐不动而手法做掤、捋、挤、按的往复变化，并要求切实贯彻沾黏连随的原则。定步四正推手是击技中攻守最普遍应用的技艺，也是训练敏感、学习用招发劲最为有效的途径，因此，也是流行最广泛的。

搭手

做四正推手时，二人首先对面站立，相距约两步。此时，必须内固精神，外示安逸，心灵意静，思想集中，身体中正安舒，呼吸鼓荡，深细匀长，气势收敛含蓄。然后，二人各进一步，两足内侧相对，足间相距约 10 厘米。面部随身体略向侧转。所进之步，可为左脚，也可为右脚；一般多习惯于用右脚上步，但并非全部如此，应按"彼不动，己不动，彼微动，己先动"的原则，及时相应地上步。同时伸出一手与对方之手相搭，也称搭手或接手。搭手时，腕背相接触而取沾字，臂略屈作弧形而含有掤劲。另一手以手心沾接对方的肘尖，全身重量落于两腿之间。此时，进右步出右手，或进左步出左手，称为顺步搭手；而进右步出左手，或进左步出右手，称为拗步搭手。

为了说明的方便，设推手双方，一方为甲，另一方为乙，而双方都进右步而采取顺步搭手。

掤劲

甲乙搭手后，手肘相沾接，各含掤劲。掤手劲力向外，而意欲黏回。因此，非抗非扁，最忌僵滞。僵是不知自己的运动，滞是不知对方的虚实。抗是以力御人，用力过大则失去敏感，是滞的根源；扁是力柔为人所进，手臂不能保持弧度而贴近胸前，不利于运化，是僵的条件。与此相对，掤手应如胶着，又能灵活转动，在沾的基础上取黏字，同时又寓意于走。走是化除对方的劲力，所以，臂要顺应敌势而滚动，有如滑轴；腰要进退旋转，有如车轴。

捋劲

甲因乙进，在捋劲中顺其势而翻滚右腕，以手指沾取乙腕，左掌心黏着乙肘，同时屈后腿，收胯转腰，即成挒式。乙受甲挒而不知运化，在沾黏之中不了解甲的劲力，则势必向一侧倾倒。乙必须应用挤或靠以对。

挤劲

乙顺甲的挒劲，屈右腿，前移重心，同时左手弃去甲之肘尖，而用手掌附于右臂内侧，以右小臂平挤甲之胸部，乘势成为挤势。乙由掤变挤，卸却甲的挒劲，并转入进攻。甲如不能因势利导，则必将被乙挤出。对此，应采用按式。

按劲

甲感受乙之挤劲时，立即屈右臂，含胸坐胯转腰，并用两手向下向左按乙之右臂，使其挤劲落空。于是，甲化挤为按。乙如不能再用掤劲承接甲之按劲，则脚跟将离地，或身体向左侧倾斜而受到发放。

换手

甲对乙的挤式，不采用按劲，而顺乙势用左手领其左手，右手做挒式，乙则顺势变为挤，而甲则又应化挤为按。此时，乙左臂由左下方绕出，抚于甲的右肘，而挒甲右臂。甲受挒即化为按。这样，双方完成换手动作。

总之，从搭手开始，甲乙双方用掤、挒、挤、按进行一个方向的定步四正推手，其形式如圆环无端，所以，也称打轮。打轮时，你来我往，循环往复，沾黏连随，不丢不顶。采用换手之后，又进行另一个方向的轮转。这样，顺逆两个方向的动作，都必须熟练自如，轻灵活泼，不凸不凹。打轮所划的圆环，可大可小，可正可斜，如正圆、扁圆、横圆、竖圆、立圆、平圆、斜圆，以及形式上为直线而又有圆环味道的动作，轻重快慢趣味异常丰富。

关于打轮的训练，开始时，头脑中必须对掤、捋、挤、按有明确的概念，甚至要求在每一次循环之中，自己都能将动作的这四个字读出。这样，随着手的进退、臂的滚卷、胸背的含拔、腰裆的扣合拧转、腿膝的弓蹬以及脚趾的松紧，使呼吸浮沉紧密配合，在用意和贯串的原则要求下，逐渐就能做到顺遂和灵动，日久功深，自能上肢轻灵活泼，下肢不僵不滞，腹部含吐沉实，立如平准，活似车轮；在舍己从人、黏走相生的原则中，遇劲即化，化即能打。

但是，在任何情况下，推手打轮都必须保持顶劲，虚领上顶，松活正直，不偏不倚；又必须目光神威，注视对方双眼，以了解其动作虚实，预测敌机。在心静神聚的原则要求下，处处听劲，贯注精神；时时寓意于变化，腰腿灵活，肩胛松轻。变化中，手法要变，身法也要变，而腰裆更要变；变得不够不行，变得过分也无必要，必须全身完整，恰如其分。任何变化都要因人而动，顺其势而变。无论如何要极力避免轻举妄动，将自己的主观愿望强加于人。"由己则滞，从人则活。"

掤、捋、挤、按本身包含着强烈的击技性质，而且其变化多种多样。打手双方运用这四种劲力做出各种圆直动作，其原则基本上是直来横去和横来直去，以进行黏走。统观打手的全过程，又可归结为了解敌情和因势利导两点。因势利导的基础是充分地了解对方的动态和规律，从而能预测敌机；了解敌情的目的则是用因势利导去夺取胜利。不根据对方动作的虚实快慢去做相应的处理，不按照对方运动的规律而采取相应的措施，就会像盲人骑瞎马、夜半临深渊一样危险，随时都有丧失主动性的可能。因此，在推手中，搭手的开始就必须是听劲的开始，要将精神贯注于对方施力处，努力了解其劲力的虚实："秤彼劲之大小，分厘不错；

权彼来之长短，毫发无差"，进而分析判断，做出相应的安排，以保持自己的平衡，破坏对方的平衡，这是黏走，也是因势利导。

太极拳法所追求的目标是以小制大，以弱胜强，反对以大压小，以强凌弱。因此，太极拳术要求柔中寓刚，绵里藏针，采取"仰之则弥高，俯之则弥深；进之则愈长，退之则愈促"的方法，即因势利导的原则，以获取"四两拨千斤"的效果。根据对方的变化情势，顺其动向而略微施力，使对方受到自己劲力的作用，破坏其平衡。所以，因势利导也就是"力从人借"，也就是"懂劲"。

太极推手和太极拳式之间有着紧密的联系。此处四正推手在拳架中，集中表现于揽雀尾式，因为它包含了掤、捋、挤、按四手的变化，与上述推手是相通的。但是，推手并不是只和拳架有这样一点关系，前一章中详细论述的三十七个基本拳式，以及太极起势与合太极，都能在四正推手中表现出来。因此，在走架时，要设想与人打手，使拳式有技击对象；在推手时，要联想基本拳式，使推手符合基本拳式的要求。这样，从走架到推手，又从推手到走架，反复实践，反复体会，是提高太极拳术水平的捷径。

定步四正推手认为脚步的移动是失利的标志。由于将击技看成一种体育运动，虽然它具有双方斗争的形式，并有胜负之分，但这种斗争和政治概念中的敌我矛盾是有原则区别的，必须强调"友谊第一，比赛第二"，把增进友谊、提高技艺放在首位，而不去过分地看重胜负，争得失之短长。这样，定步推手的友谊比赛，就反对上步进攻和退步防守的做法，尤其要反对动手伤人的恶劣行为。在定步推手中，上步进攻是欺人，退步防守是失信，不仅违反友谊比赛的规定，即使侥幸取胜，也毫无光彩可言；而且对于技艺水平的提高也没有任何帮助，因为黏走相生，化为制因，制为化果，才是定步四正推手训练的基本内容。

四隅推手

常见的活步推手有两种。一种在步法上可以是进三退二或进三退三，而手法仍是掤、捋、挤、按四种；这就是活步四正推手，即在前节的基础上加上步法的进退变化；它在拳架中的表现为提手上势、倒撵猴和如封似闭等。一种则是四隅推手，通过採、挒、肘、靠的练习和应用，达到变换步法进行击技的目的，如拳架中的上步或卸步搬拦捶的基本动作。

四隅推手在方位中是向四个隅角变化的，它在形式上有如大幅度的捋手，因此，通称为大捋。由于这种推手最初见于杨派太极拳的传授中，所以，也称为杨氏大捋。

搭手

四隅推手的开始和准备，也是在搭手中完成的。搭手要求甲乙双方各含掤劲，与四正推手相同。

靠劲

搭手后，甲翻右腕沾握乙腕，同时收回前足，对乙做捋式；乙黏随甲动，后脚跟进与右足靠拢。甲顺势向右后转，并撤右足，继续用捋。乙受大捋的劲力而顺势进左步，一经踏实，即将右足插入甲裆间，并以右肩向甲胸靠去，称为靠劲。在此过程中，甲退两步，而乙连进三步；乙化去甲之大捋动作，而用肩胛的靠劲击甲。甲如不得运化，势必被击出。当然，乙如不能迅速移动步伐，连进三步，化却甲的捋劲，则必将受到严重打击。

肘劲

甲受乙靠，应顺势用左小臂向外滚卷，称为肘劲。肘劲使乙的肩靠失去着力点，甲身体再略向右转，即可破除乙的靠劲，随即含胸收胯，并向左转腰，重心移向右腿，左足进步于乙之裆内，双手变为按势。甲用肘劲旋转小臂，使乙的靠劲失去支持，乙如不能松活，势必身体腾虚，脚跟离地而受到发放。甲先右后左转动身腰，即是发放动作，要求在有节奏的旋拧之中，表现出自然利落。

採劲

对于甲的按劲，乙须用掤劲承接转化。左掌以手背接甲左手，右手沾接甲之左肘，收回右脚，身体向左变为捋式，同时顺势向左后转。在此过程中，乙走左肘，翻左腕沾握甲腕，称为採，即顺甲势而往身体左后方向引甲，右手抚于甲肘，造成猛烈的进攻。对此，甲又必须再顺势进两步，化去乙的捋採，而用肩做靠击。这样循环往复，进三退二，完成大捋运动。

挒劲

在以上动作中，乙左手对甲做採时，如右手对甲做截击，即乙右手弃去甲肘而顺势向甲面部用掌作斜击，则称为挒手，或扑面掌。扑面掌具有击技作用，也是大捋的换手方法。如在四隅推手中，甲受乙靠，甲用小臂肘劲化乙靠劲时，又用右手做扑面掌击乙，而乙则上举右臂用掤劲沾取甲右腕，用左手沾接甲右肘，同时回收前足做捋式，则甲乙的左右手得到更换，攻守形势也相应变化，甲得进三步，乙连退两步，再做四隅推手。

四隅推手集中训练采、捌、肘、靠，同时也对步法的变换和身法的灵动做相应训练。在步伐变动之中进行技击，其变化和猛烈的程度都远甚于四正推手。采、捌、肘、靠和掤、捋、挤、按一样，既是黏走，又是制化。因此，大将的技击原则，仍和四正推手一样，必须通过沾黏连随，舍己从人，以获得因势利导，夺取胜利。

由于四隅推手有严格的步法变化，所以其胜负的分界虽然也在于平衡的保持与破坏，但往往表现为击出或击倒。又由于其技击程度的强烈，所以，它对于身体的灵动、感觉的锐敏，就比四正推手要求更高，对于听劲和懂劲的要求也更细致、更精确。

圆形推手

我们在学习太极拳术活步推手的过程中，曾经得到圆形推手的传授。这种推手不仅要求手法和身法做圆形运动，而且步法也要求沿圆形迹线移动。从而，圆形推手在难度上、变化上都更高，也更接近于实战的应用。

圆形推手的准备和开始，与四正四隅推手完全相同，但双方一经搭手，立即展开猛烈的进攻，手脚一起动作。

甲乙双方进步搭手，各含掤劲。在相互沾接时，甲即翻转右手沾握敌腕，左手扶于敌肘做捋手，同时抬右膝攻敌裆腹。此时，乙如原地不动而用挤、按、靠中任何一种手法破捋，都将因腹部受攻击而有困难。因此，乙必须立即抬膝护住腾腹，再做挤手。

圆形推手之抬膝

甲因单足立地，受挤即有失去平衡的危险，

所以，右脚前伸，向前方跨出一大步，含胸拔背，转腰收胯，并用按克挤。乙受按劲，在单足直立的情况下，也势必倾倒；所以，右脚立即向左前方跨出一大步，再用右手做捋劲化按；用左手扶于对方肘部，防止肘击。此时，甲须立即使左脚沿弧线绕过右脚，而面向乙；乙也必须转腰上后脚，并迅速绕过前脚落地，以与甲相对。

圆形推手之沿弧线落脚

双方稳定后，立即又抬右腿攻裆腹，并用捋克捋。如此循环，手做捋捋挤按，脚循圆形迹线运转，时刻寓意于沾黏连随，不丢不顶，完成顺时针的圆形推手动作。如果用按制捋，则可换手做逆时针的圆形推手动作。

圆形推手，其手法在形态上是捋捋挤按，但攻守方位却不是四正，因为步法沿圆线变化，要求脚扣腰拧，使身体做大幅度的转动。这样，在手法上出现四隅的攻守方位，使运动的激烈程度得到极大的加强。

这种推手环环相扣，圆直变化，劲力矫健，气势雄道，只要稍事演习，就会发现它和四正四隅推手的风格迥然不同。圆形推手在身法、手法和步法上是灵活多变的，前进为挤，后退为捋，膝顶脚踢，肘打肩靠，腰拧身旋，必须有轻灵而牢固的底盘，柔韧而松活的身手，在思想集中、意念沉静的统率下，使听劲锐敏，反应迅速，全身完整协调。否则，就不能双手打轮、双脚转圆而裕如地应付变化。

关于活步推手，在太极拳老谱中曾有这样的论述：

退圈容易进圈难，不离腰腿后与前。

所难中土不离位，退易进难仔细研。

此为动功未站定，使身进退并比肩。

能如水磨催急缓，云龙风光相周旋。

要用天盘从此窥，久而久之出自然。

这对于大捋和圆形推手的练习都是带有指导意义的。

关于打手

太极拳发放　太极拳散手

太极推手，无论是定步推手，还是活步推手，在你来我往的运动中，都对身体的肌肉和精神有良好的锻炼效果。冬天清晨，在凛冽的寒冷空气中打轮，不用太长的时间，就可以腰肢松活，精神焕发，沾濡汗出，手脚发暖。同时，推手还可以听劲、发劲，纤巧灵动，趣味丰富，引人入胜。

对于击技，太极拳术和其他拳术一样，都包含有击法、拿法和发人法。

击法就是用刚劲之力以击人的方法。太极拳术并不是不注意击法，而是很讲求击法，但它的击法与其他拳术不尽相同，别具一格。太极拳架中，用捶进击的只有五处，即太极五捶：搬拦捶、肘底捶、撇身捶、栽捶和指裆捶。它们的共同特点是：所用之拳都隐于掌后肘底；所击之处或肋，或裆，或腰胯，都是重要的部位。用拳击人的方法可以有许多种，但在太极拳中只有此五捶的意思是说，经过提炼和总结，认为只有这五捶是行之有效，而又符合太极拳法要求的。它们的用法，或在变换身形，或是拦架敌拳，都能于被动之中争取主动，不击则已，一击必中，中则必倒。此外，太极拳架中，分脚是点踢，蹬脚是蹬踢，也属于击法。它们的共同特点又都是隐于掌下。这是由于拳打肩歪，脚踢膊斜，都不利于自己身体的平衡，因此，不在对方失去沾黏连随时，不在自己手掌的护持之下，应用击法就容易受到对方先化后打的反击。

拿法是擒拿对方身体的一部分，而使其失去抗御的能力，或分散其注意力的方法。太极拳术中拿法很多，怀抱琵琶、海底针、玉女穿梭、倒撵猴等都是拿法。有拳架中以这些拿法作为基础，再通过推手实践，融会贯通，灵活运用，可以使拿法达到极为广泛的多样化，随便什么情况下都能擒拿对方。例如，怀抱琵琶，在拳式中指的是，对方以拳掌进击我胸腹时，我用右手握住其手腕并作旋拧，用左手扶住其肘部以为支持，于是，擒拿住对方小臂，使其肘腕关节必须支撑其全身重量。但是，在熟练之后，只要对方向前施力于我身体上，我先缓其前进之力并扶其肘部而略加旋拧，即使单手也能完成这个拿法。

应该指出，任何拿法都有解法。过于追求拿法，往往弄巧成拙，反遭擒拿，或丧失平衡。因为对待拿法的基本问题是松柔，而不是刚劲；是顺其势，而不是逆其锋。前述的怀抱琵琶擒拿对方的臂肘，对方只要放松肩胛关节，并顺其势而使臂前伸，则能破坏平衡稳定，克制擒拿。这样，不要讲对待功深基厚的拳术家，就是一般的掌握太极拳法、身体灵敏而能松柔的人，拿法也未必能奏效。因此，拳术家所谓"好拿不如癞打"就指出拿法本身的这种缺点。

击技中最重要的技艺是发法，即将对方掷发出去，或使其重心偏离体外，失去平衡而跌倒。太极拳架中，处处讲求的是发人之法。提手上势、如封似闭、玉女穿梭、揽雀尾等都是发法的基本训练，而高探马、倒撵猴以及其他许多拳式都是拿中有发的基本方法。推手中，掤、捋、挤、按、采、挒、肘、靠则是发法的基本手法。为了提高太极拳的击技水平，必须在发法上下深刻功夫。

"八字歌"对于掤、捋、挤、按、采、挒、肘、靠做出高度评价，主要也是从发人之法的角度出发的，同时还指出，发法的关键在于沾黏连随，舍己从人。

太极拳"打手歌"：

掤捋挤按须认真，上下相随人难进。

任他巨力来打我，牵动四两拨千斤。

引进落空合即出，沾连黏随不丢顶。

则明确地指出太极打手获致发人之法的原则和途径。推手打轮时，认真完成掤、捋、挤、按，是为发人的技术奠定基础，也为自己化劲的顺遂打下根底，所以，在任何一次循环往复之中，都要求将掤、捋、挤、按四个字打出来，即在思想意识中对这四种手法有明确的概念和严格的划分，尽管其形态表现为这样或那样的圆弧动作。掤、捋、挤、按都是全身运动，其关键在腰；必须精神贯注，呼吸通灵，上下相随，腰裆开合，虚实转换，周身完整一气。如果不能协调一致，则必有停顿或空当，即有失机失势的可能性存在。由此也可见打手中"用意"和"贯串"的重要。

太极拳法努力于四两拨千斤，以弱胜强，以小制大，以静御动，以柔克刚。所谓四两拨千斤，并非全然无力，只是所用之力要略小于对方。这样，不仅可以保持自己进退旋转的余地，而且可以在最敏感的状态下，去秤彼劲之大小，权其来之长短。四两拨千斤还说明要用小力去转移大力，这里包括使对方的劲力作用于其自身，或者使对方的劲力在我旋转滚卷之中失去作用，反而破坏其自身的平衡。此处"拨"有略微改变方向的意思，即不能正对来劲的方向，与对方顶撞。

因此，太极拳法要求，对于刚劲的攻击，采取柔化的战术策略，用沾黏连随去了解敌情，摸清虚实变化；在随曲就伸之中，既要顺其劲势，又要加以改变，不使它作用于我，却要受我力的牵动，造成我对敌发放的好机会。这就是太极拳法中所谓"绵里藏针，柔中寓刚"的意义。

"打手歌"明确而概括地阐述了太极打手的主要问题，其中指出的"引进落空合即出"，在原则上和方法上都具有提纲挈领的意义。所谓"引进落空合即出"，也正是因势利导。顺应对方劲力的来势不丢不顶是"引进"；或作进退，或作滚卷转动，务使其劲力不作用于我身体上而破坏我的平衡是"落空"。对方劲力落空，势必使其脚跟离地，身体腾虚，处于最不稳固、最易丧失平衡的状态。此时，对方失机失势，而我得机得势，应立即转入反攻，"合即出"。只有做到引进落空，才能四两拨千斤，也才能以小制大，以弱胜强。因此，要想获得引进落空，就必须因势利导，因对方进攻之势，导向有利于我的条件。在太极打手中，要在思想上和动作上都贯彻沾黏连随、舍己从人的方法，并从其中创造机会和条件，完成"引进落空合即出"。

"引进落空合即出"，也就是古典拳论中所谓的黏走。制人为黏，化人为走。"人刚我柔谓之走，我顺人背谓之黏"是对以柔克刚的具体解释。这里包含在战略思想中先做退让以了解敌情（听劲），和在了解敌情过程中判断形势、掌握时机（懂劲）两个方面。但是，不能由于退让而遭致溃败，形成"八公山上，草木皆兵"的局面。退让的目的是"避其锐气，击其惰归"。因此，退让的准确含义应该是引进落空，就是走。然而，走即是黏，黏即是走。因为第一，不能由于引进落空而失去沾黏连随，相反，只有在沾黏连随中达到引进落空，否则即丧失对情况和规律的了解，也就无法判断得机得势的条件；第二，走中要有黏，黏中要有走，既不能只化不制，也不能只制不化。必须先化敌劲力，达到我顺人背，才能制人而不制于人。所以，制敌致胜，必须化劲顺遂，自己首先平衡稳固。因此，化为制因，制为化果，黏走相生，引进落空合即出。

太极拳法反对顶扁丢抗，而要求顺对方劲力以制化，即走化要顺应对方劲力，发劲也要顺应对方劲力，否则即不能达到四两拨千斤的效果，所以，太极打手必须舍己从人，因势利导，不能舍己，即不能从人，由己则滞，从人则活。由己与舍己是相互对立而又统一的两个侧面，不能舍己以从人，则必为人制；只有舍己从人，才能从其中抓住关键，化卸对方劲力，听问对方动向而施力，克敌制胜。所以，你有力，我使你力更大，但不作用于我身；你要前进以作攻击，我使你前进更远，但不能破坏我的平衡，从而，"仰之则弥高，俯之则弥深，进之则愈长，退之则愈促"。因此，太极拳法要求因人所动，随曲就伸，绝不是被动地任人摆布，相反，是用主动精神去从人变化，在顺应对方的变化中，自己有改变对方的自由能力。也只有如此，才能"任他巨力来打我，牵动四两拨千斤"。

李亦畬在论述太极打手时，曾经做出"撒放秘诀"，用"擎引松放"四个字，对太极打手的方法做了概括和总结。"撒放秘诀"是：

擎起彼身借彼力（灵），

引到身前劲始蓄（敛），

松开我劲勿使屈（静），

放时腰脚认端的（整）。

"擎引松放"就是这四行歌诀的句头，是用来说明太极打手过程中的四个基本问题，并做出方法上的指导。其实，这也是对"引进落空合即出"的具体阐释。

"擎"是提上拔高的意思，太极拳法要求，发放对方必须以其脚跟离地、身体腾虚为先决条件，因此，要使对方身体提上拔高，擎起对方。古典拳论指出"如意要向上，即寓下意，若将物掀起，而加以挫之之意，斯其根自断，乃坏之速而无疑"，则说明擎起对方身体的意义。但是，要将对方身体擎起，又必须符合太极拳法的基本要求，用意不用力，即使用力，也必须如"四两拨千斤"中所指的小力，而不是用全副劲力去将对方提起。一般人体有百十斤的重量，如将此重量提起，则绝不是用小力（如四两）所能办得到的，更何况人力有限，而对方又非木偶那样听任摆布。因此，须使身体灵动，依赖对方的劲力把对方的身体擎起。或者，灵动是感觉锐敏，既能听出对方的劲力，又能采取适当的措施利用对方的劲力。能借力，则能打人。借力的方法很多，归纳起来，主要有两种：一是顺对方劲力的方向移动使其落空；二是滚动和转动，使其着力点改变。一般地说，上下臂的旋转多称为滚动，或卷；腰胯的左旋右转，称为转动。提手上势、扇通背、玉女穿梭等拳式中手臂的滚卷，都能起到借力的作用，正如劲力作用于滑轴上，滑轴稍作滚动，此劲力即已落空。所以，无论是移动或滚转，都是要使对方的劲力落空，而落空的结果是对方身体自然腾虚，脚跟离地，对我来说，则获致擎起的效果。

这种情况即所谓"灵"字。四正推手中转腰作挒，四隅推手中卷肘化靠，都表现了这种灵动。

"引"是牵引的意思。太极拳法要求沾黏连随，自然而不僵滞。但是，在需要使用劲力时，即使是四两那样的微小劲力，也必须有一个蓄敛的过程。有蓄才有发，蓄而后发。这里有两个问题需要解决：第一，蓄劲的过程应于何时开始？第二，应如何蓄劲？选择蓄劲的时机很重要，过早蓄劲容易陷于僵滞，也容易为对方发觉而预作防范；过迟蓄劲，则无发放之力。最适宜的时机是在随曲就伸中，用意识将对方牵引到自己身前，即将达到落空而还未落空的时候。这时，即使对方察觉，也难进行防范了。至于蓄劲，必须敛意敛气，将劲力收敛于脊骨内。蓄劲如张弓，腰为弓把，脚手如弓梢；发劲似放箭，无蓄劲，则无发箭之力。吸为合为蓄，呼为开为发，一蓄一发应完成在一吸一呼之间。人体犹如气球，牵引对方劲力至我身前，我身体收缩，劲力蓄敛，为反攻进行了充分的准备。

"松"是轻松，不用力，不僵滞。这里有两重意思。首先是既要放松腰脊、肩胛、肘、腕各关节，又须保持掤劲，上下臂不能弯曲过甚而失去弧度。其次是对方劲力作用于我身体任何一处，我都能保持松活，顺其力而变化，左重则左虚，右重则右杳，物来顺应，不丢不顶，使其劲力不得施展。但是，"松开我劲勿使屈"，却又包含另外一种意思，即上体与手臂在受力时，应用掤劲保持原状，承受劲力而不屈，寓意于沉静，同时腰胯松活，使对方在无法察觉中身体腾虚。这样，始终保持心静意灵，精神贯注于对方劲力作用处和自己的腰胯上，既侦察敌情，判断虚实，又能相机变化，克敌制胜。"松开我劲勿使屈"正确地说明了对待敌人进攻的方法。敌进我退，退时不能失去掤劲而扁屈。对方劲力挨我何处，我的精神要贯注于何处，但并非一定该处要灵活，而关键是腰胯要能灵活。

"放"是对敌发放。此时要求身体上下一致，完整一气。发放的前提条件是对方脚跟离地，身体腾虚。一旦达到此条件，发放的形势与时机成熟，即应将全身所蓄的劲力一呼即出，由脚而腿而腰，疾似劲弓电掣。发劲必须沉着松净，专注一方，腰脊用力，前腿弓，后腿蹬，脚趾抓地，上下相随，完整而富有弹性。一般地说，任何一次发放都可以有几种不同的方位：四个正向，四个斜角，正而偏上或偏下，斜而偏高或偏低。但开始学习发放时，只能是何处顺，往何处打；熟练后，不仅能准确恰当地掌握发放的时机，更能在发放的方位中取得自由，意向何处，即往何处放；不放则已，放则要将全身劲力打到对方脚跟上。

"撒放秘诀"用"擎引松放"四个字从劲力的角度概括了打手中的太极拳法，将"引进落空合即出"做了细致的刻画。但是，"撒放秘诀"还没有从呼吸的角度来阐明"气"在太极打手中的应用。

太极拳法要求用意不用力，在意识的统率下，使呼吸与动作相结合。从而，要以心行气，以气运身；在行功走架时，要行气如九曲珠，无微不到；又要气遍身躯不稍滞。这些原则要求，不仅在走架时，就是在打手中，也必须贯彻。李亦畬在"五字诀"中，两次谈到"气"的问题，直接将"气"与打手联系起来：气向下沉，由两肩收于脊骨，注于腰间，此气之由上而下也，谓之合。由腰形于脊骨，布于两膊，施于手指，此气之由下而上也，谓之开。合便是"收"，开即是"放"，具体地阐明呼吸与开合、收放的关系；"吸为合为蓄，呼为开为发。盖吸则自然提得起，亦拿得人起，呼则自然沉得下，亦放得人出"，直接用呼吸来论打手。气和力都是在意的统率下，互相协调，紧密配合的。意到气到，力亦到。因此，动作有虚实、开合，气有呼吸、浮沉，也必须协调配合。

打手中，呼吸的要求不仅是深缓细长，直送丹田，而且要以对方的动作为自己呼吸的依据。能呼吸，然后能灵活，否则即成为僵滞不得运化。掤劲向上向外，敌进我退，以柔克敌，在气中应为吸浮；捋劲向旁侧以化敌攻，要吸而能沉；挤、按两劲是在化法上的进攻，应以呼为主。但是，呼吸必须根据对方的情况以做变化：吸以掤捋，对方攻势未止，我则吸而有余；对方转入防御，我则又能立即转入呼气；呼以挤按，对方化劲未已，我则能够呼气，又能随时转入吸气；对方化劲已止，我则进而愈长，能够继续呼气。同样，沾黏连随也应与呼吸行气相合，掌握对方呼吸进退，合拍合节，息息相关。沾以应敌，必须与敌呼吸相应，才能不丢不顶；黏以留意缠绵，必须从人呼吸，才能如胶附着；连以因人所动，必须呼吸有余，才能顺遂圆活；随以应对敌情，必须在呼吸中转化，才能制敌无滞。"引进落空"应是吸气，为合为蓄；对方脚跟离地，失去凭借，我则"合即出"，立即发放，应是呼气，为开为发。这样，无论走架还是推手，都必须使呼吸行气深缓细长，游刃有余，顺遂通灵。否则，不能俯之则弥深，仰之则弥高，退而愈促，进而愈长，使呼吸跟随对方的进退变化，则必不能完整贯串。从而在走架中气势散漫，失去滔滔不绝的江河形象；在打手中，黏走相乖，僵滞不化，成为自己失机失势的条件。

从呼吸行气来论述太极打手的有"敷、盖、对、吞"四字秘诀：

敷者，运气于己身，敷布于彼劲之上，使不得动也；盖者，以气盖彼来处也；对者，以气对彼来处，认定准头而去也；吞者，以气全吞而入于化也。此四字无形无象，非懂劲后练到极精地位者，不能知，全是以气言。能直养其气而无害，如能施于四体，四体不言而喻矣。

"敷"是涂抹的意思，轻微接触对方的劲力，即使我呼吸与劲力和对方相沾接，敌进而我能顺应，改变其劲力不为其破坏平衡。"盖"是由上而下铺覆于其上的意思，对方劲力作用于我身体的任何部位，我的意识和呼吸就必须集中地覆盖于该处，因其动而运化。"对"是针对的意思，也称为吐；在精神贯注于对方作用处，呼吸和劲力与对方相应合，我则黏走其劲力，对准其落空失着之处，沉气外呼而发放。"吞"是不经咀嚼而咽，有承受对方劲力，或用身法吸入对方来劲的意思。敌进我退，你进已深，而我吸更长，且退有余地，则对方莫测我之虚实，我却得顺应其劲力，改变其平衡。"四字秘诀"同样也包含有听劲和懂劲的过程，和打手原则完全一致，只不过从气的角度做出概括的论述。

呼吸在太极拳术中占有重要的地位，从而，要求气宜鼓荡，神宜内敛，并将人体看成气球，称为太极。气球的运转要前进不凸，后退不凹，左旋不缺，右转不陷，周身完整，式式贯串，浑然一气。这是太极拳法对行功走架的要求，也是对打手的要求。其实，沾黏连随是柔中寓刚，黏走相生，就是贯串；不丢不顶是轻灵圆活，松稳匀静，必须用意。换句话说，太极拳运动必须在意识的引导之下，使呼吸和动作完整贯串，协调一致。

在这样一元化的原则指导下，太极打手的发法是不难获得的，而击法和拿法也必然会在推手实践中逐渐熟悉，以至运用自如。因此，我们也无须具体赘述多种击法与拿法的微末细节，而只强调指出：提高太极拳术的造诣，必须"明白原理，练熟身法，善于用意，巧于运气"，并坚持不断地在实践中锻炼学习。

但是，应该指出，作为锻炼的推手和实战的打手之间还有一个接手问题，即首战序幕的揭开问题，必须恰当处理。实际打手是斗争，绝不会先作搭手，再行出击。相反，尽人皆知，拳法和兵法一样，要求运用声东击西、指南打北、上惊下取一类有虚有实的具体战术，在示形中包含有进攻，以获取斗争的胜利；甚至强调"兵不厌诈"，以建立起真真假假、虚虚实实的斗争艺术。对于太极拳术来说，在击技中获取胜利的来源在于听劲和懂劲，只有双方接触，才能开始听劲和懂劲，否则只能猜测对方的劲力虚实与动向，而无真凭实据。正因为如此，太极拳术就更需要慎重处理初战的接手问题，坚决反对鲁莽从事。然而，接手问题实质上在太极拳法中已经解决，其方法仍旧是：尽可能地了解敌情，正确地做出判断并及时地做出反应。"彼不动，己不动；彼微动，己先动。""动急则急应，动缓则缓随，虽变化万端，而理为一贯。"此外，太极拳法的战术原则是通过沾黏连随，以获得知己知彼；太极拳法的战略原则是通过敌进我退，以进行积极防御。因此，在对方进攻面前，往往采取先退让一步的办法，来恰当地解决接手问题。退让并非示弱，而是诱敌深入，以利于我掌握敌情，发现漏洞，及时地组织反攻。这样，使初战的接手也建立在充分了解情况的基础之上。

和解决初战接手问题一样，采用上述战略战术原则，还可以解决经常会遇到的突然袭击的问题。而且，沾黏连随本身就是防止突然袭击的。

根据这种原则，太极拳法要求，无论对待何种强大的对手，都必须"内固精神，外示安逸"，在了解情况的基础上，做具体的分析和对待，正确处理复杂多样的矛盾变化。苏洵在《权书·心术》中曾经指出："善用兵者以形固。夫能以形固，则力有馀矣。"所谓形固，就是"内固精神，外示安逸"，也就是在战略上藐视敌人，在战术上重视敌人，排除一切杂念而集中精神，对待任何艰难困苦，都能做到心不慌，手不软，敢于斗争，善于斗争。从而，遇弱不懈，逢强越勇，既不骄傲而轻敌，也不自卑而气馁，完全根据客观情况做具体分析，充分利用有利的形势，力争主动地驾驭斗争的发展变化，防患于未然。

因此，太极拳法并不反对在得机得势的情况下，充分发挥自己之所长，以获取胜利。许多拳术家由于熟练地掌握某些招法，例如野马分鬃、左顾右盼、斜飞式等，善于以己之长，攻人之短，克敌制胜，或者由败转胜。针对不同的对手，采取不同的对策，是具体对待；根据实际情况，发挥自己的长处，以对敌人之短缺，也是具体对待。不具备客观条件，而强行运用自己之所长，肯定会碰壁；得机得势而不发挥自己的威力，必将坐失时机。

同样，太极拳法并不反对出奇制胜。奇是手段，胜是目的。不能获致胜利的奇，只能认为是妄动，并不是真正的奇。普通拳式，形式上并无奇特，但能针对具体情况，因势利导，获取胜利，虽属普通平常的招法，却也具有奇的性质。

必须牢固地建立起这种认识：敌我双方的斗争，我方胜利的基础在于自己的平衡能在运动中稳固地保持，遇刚则柔化，遇软则坚硬，及时了解情况的虚实变化，恰当而合理地处理对方的攻击，以致虽受大力作用或突然袭击，仍能平衡稳固，及时化走，毫不动摇。对方的失利则在于他自己失去保持平衡的条件，或者过刚而不能圆，或者过柔而失却运化，以致稍受外力打击，立即倾跌移动。因此，胜利与失败的关键在于自己，对方所能收到的明显效果，只不过是自己在因势利导地了解情况中，发现弱点或错误而集中力量加以攻击而已。在这种认识的基础上，吴式太极拳术的技击，始终把杨禄躔告诉全佑的话"占住中定，往开里打"奉为推手的秘诀与准则。

最后，我们指出，在学习太极推手的过程中，不要过分地计较胜负。"胜负乃兵家之常事"，更何况击技是一种体育锻炼，是友谊竞赛。从整个太极拳术的学习和提高的过程来看，很少有，甚至不可能有始终保持胜利的拳术家，这和军事上只有英勇明智的统帅，而无常胜将军是一样的；相反，许多造诣高深的拳术家都是在失败中得到成长的，其中的重要关键在于总结经验，汲取教训，而不在于一次胜负。胜负都有其原因，或者是技艺不高，实力不足，或者是处理失当。及时地找出其中的原因，对于提高拳术水平大有裨益。只有胜而骄、败而馁，才是以后大败亏输的重要因素。因为这样必不能认真总结经验，及时汲取教训，从而，也就不能再往前进。

听劲与懂劲

太极拳听劲

古典拳论曾明确地指出，获得太极拳法成就所必须经过的途径是："由招熟而渐悟懂劲，由懂劲而阶及神明。"由此可见，"懂劲"在太极拳法中占有十分重要的地位。事实上，在拳术中只有太极拳把"懂劲"问题放到极高的地位上："练太极推手而未能懂劲，则运用毫无是处。"这主要由于太极拳法的原则是"因人所动，随曲就伸"，完全根据客观情况的变化做相应的处理，反对不做调查研究，不对情况做具体分析的主观态度。这项原则绝不是凭空臆想出来的，而是太极拳法对大量实际斗争经验的概括总结，也是大量失败教训的积累，从而导致对矛盾双方认识的深化。

兵家对于战争的规律进行过许多总结。孙武早在春秋战国时期就曾经指出："知己知彼，百战不殆。"不了解自己，又不了解敌人，只凭主观臆想办事，而不对敌我双方做充分细致的调查研究，除了作为一个鲁莽家，并收到失败的结局之外，不可能有其他的结果。同样，在技击中应用太极拳法是处理敌我双方的斗争问题，充分地知己知彼、正确地识别并判断出对方的劲力，才是获取胜利的前提条件。

据传，在太极拳法中有一个"功用歌"，其歌诀为：

轻灵活泼于懂劲，阴阳既济无滞病。

若得四两拨千斤，开合鼓荡主宰定。

论述了太极打手中要想获得四两拨千斤的效果，自己所应具备的基本条件，即动作变化中除轻灵和活泼之外，还必须懂劲，轻灵活泼需要根据懂劲；用阴阳互济达到毫无僵滞，要求懂劲；动作的开合，呼吸的鼓荡，以及重心的调整，也都需要懂劲。只有懂劲，才能因人所动，随曲就伸。这个歌诀的辩证之处，在于它要求进行详细的调查研究，而将自己的动作、呼吸和平衡都建立在调查研究的基础之上。所谓调查研究，就是太极拳法中的听劲和懂劲。

太极拳中，将用感觉察测对方动作的轻重迟数，称为听劲。了解到对方的劲力情况，恰当地做出判断，并根据对方的动向与企图，制订出攻防方案，而制敌于未动之先，称为懂劲。

太极拳法要求通过黏走达到懂劲。拳论指出："黏即是走，走即是黏。"又说："人刚我柔谓之走，我顺人背谓之黏。"对方用刚强的劲力进攻时，我用圆弧动作来承接，既改变其劲力方向，又不为对方所制，称之为走。这也就是化却敌劲，用柔克刚，黏即是制。只有我顺人背，才可以制人而不为人所制。我得机得势，对方失机失势，以至我处于主动的地位，这就是顺；反之，机势有利于对方而不利于我，在我处于被动，就是背。我顺人背的机会和形势，是通过沾黏连随而感觉并加以判断的，也称之为黏。使用黏劲，尽量掌握对方动作与劲力的运行过程，有如胶着物。只要与对方沾接，就顺其势而迎就，因其动而屈伸旋转，用走劲来调整自己的平衡，并探测对方情况，审机应变，因势利导。在黏走过程中，由于不丢不顶，遇劲即化，将会出现两种情况：对方使用的劲力不能达到目标时，或者继续前进，或者中止其劲力而后撤，都将改变其重心位置，为我破坏其平衡创造条件。以上所述，没有强调任何力大手快之处，完全是通过黏走达到以柔克刚、以小制大、以弱胜强。其中的关键在于"向不丢不顶中讨消息"，应用黏走而达到"知己知彼"，因势利导，即是懂劲。

太极拳法要求用黏来顺应对方，用走来化却对方的劲力，同时还要采取制胜的措施。其实，黏即是走，走即是黏；化为制因，制为化果，化即是制。黏走制化因果相生，概括了打手中多种多样的招式。但是，如果只化而不制，或只制而不化，则都不能应用太极拳法克敌制胜。在用黏法而不能应变为走法时，必然是自己处于双重，转换不灵，僵硬不化，称为"滞"。在用走法而不能辅以黏法时，必然是自己陷于偏沉，无力自持，依随不能自主，称为"随"。应该着重指出，"滞""随"两种弊病，都是自己造成的。其病源在于黏走不能相生，阴阳不能相济。能知人而不能知己，也不能百战不殆，因而，也仍不是懂劲。

古典拳论指出："阴不离阳，阳不离阴，阴阳互济，方为懂劲。"阴阳在太极拳法中所指的概念极为广泛，大抵互相对待的事物都概括在阴阳的范畴之中。例如，上下、左右、前后、内外、呼吸、蓄发、刚柔、虚实、开合、往复……都可以认为是阴阳。阴阳之间的关系是相互依存而又相互对立的：有上必有下，有左必有右，有前必有后，有内必有外，有呼才有吸，有蓄才有发，有刚才有柔，有虚才有实，有开才有合，有往才有复……没有一方的存在，也就没有另一方的存在。而它们的存在又都是相反相对的两个方向：上、左、前、外、呼、发、刚、实、开、往为阳；下、右、后、内、吸、蓄、柔、虚、合、复为阴。太极拳法将人体比作气球，以象征其在动静之中，应无缺陷、无凸凹、无断续、无过不及，不偏不倚，往复无端。实际上，这也就是太极拳术在处理上述阴阳两极之间关系的原则和要求。因此，太极拳法中，柔中有刚，刚中有柔；合中有开，开中有合；虚中有实，实中有虚，即阴不离阳，阳不离阴。只有在行功走架时，从大虚大实进到虚实结合，在打手时，从阴阳相乖进到阴阳互济，才能及时调整平衡而应付任何变化。这样，阴阳渗透，以虚济盈，互为消长，即是黏走相生，因果相生。到此程度才能达到懂劲。

还可以将听劲看成侦察情况的过程，而懂劲是判断和制订对待方案的过程。而了解情况的侦察过程，也就是分析、判断的过程。因此，听劲和懂劲不能截然分开。

所谓听，不是用耳去听，而是全神贯注，用意念去感觉，即中枢神经对外界的感觉。感觉到就要立即做出判断，并相应地做出反应。感觉的锐敏、判断的正确和反应的迅速灵动，需要有长期实践的锻炼。这是懂劲的第一步。根据判断，采取恰当的措施，即正确地应用各种力学规律去对待对方，是懂劲的第二步，也是对懂劲的正确性做出检验。只有充分地了解情况，正确地做出判断，果断地采取措施并迅速地发之于敌，才能获得预期的效果。由此可见，应用太极拳法进行技击时，用招变式的决心来源于正确的判断，正确的判断来源于周密而详尽的调查研究，所以，它强调黏走，强调听劲和懂劲。这和军事家的用兵之道是完全一致的。

但是，击技中，你击我还发生在瞬息之间，因而太极拳法要求手、眼、身、步法既不得双重而僵滞，又不能偏沉而失却运化，相反，必须使黏走结合，圆弧与直线结合，防御和进攻结合，使阴阳互济，以便在最短的时间内，用最近的距离，完成进击的动作。兵法强调：兵贵神速。在太极拳法中，则通过"彼不动，己不动；彼微动，己先动"来完成，只不过将神速建立在掌握情况、选择时机的基础之上，反对鲁莽以防患于未然，反对为求快速而采用孤注一掷的做法。不能因为盘架子时要求缓慢，就认为太极拳不追求快速的进击动作。相反，只有在长期细致的行功走架中建立起大脑皮层的条件反射，才能在击技中根据情况做出及时而迅速的反应，并获取击技的胜利。

总之，太极拳法在击技中采用积极防御的战略思想作为指导，从而认为黏即是走，化为制因，把防御看成进攻的准备，要求圆弧运动随时能转变为直线。充分地认识到，进攻要造成对方平衡的破坏，但同时却又往往造成自己失去平衡。因此，随时要防止斗争的形势从有利向不利的转化。为了避免事物经常向自己的反面发展，必须充分地掌握情况："要刻刻留心，挨何处，心要用在何处""彼之力挨我何处，我之意用在何处"；留心用意以"秤彼劲之大小，分厘不错；权彼来之长短，毫发无差"。听劲要有定量的概念，才有助于懂劲做出正确的判断，制订符合客观情况的斗争方案而不失误。

从力学的观点出发，我们再对听劲和懂劲做如下的具体说明。

任何一个力的组成都有三项要素：大小、方向和着力点。因此，在力学中通常用矢量来表示力。要想了解一个力，首先必须与此力接触，才能感觉到它的大小和方向，否则只是主观上的臆想和推测。所以，听劲要听着力点处的劲力，"彼之力挨我何处，我之意用在何处"，而不是听别处。着力点以外的任何地方，都不能提供直接的、具体的情况，尽管太极拳法并不反对通过目光和精神而预测敌机。但是，掌握对方劲力的虚实变化，最关键的却在于着力点。必须把思想和意识集中于着力点上，务求精确地获取此处劲力的大小和方向。太极拳法中有"乱环诀"，专门阐述着力点问题：

乱环术法最难通，上下随合妙无穷。

陷敌深入乱环内，四两千斤招法成。

手脚齐进横竖找，掌中乱环落不空。

欲知环中法何在，发落点对即成功。

此处发落点即着力点。对方劲力着于我身上的部位称为落点。先要通过移动、转动或滚动使此落点落空，然后再以此落点打击对方，称为发点。发点即落点，能利用对方的落点作为发放对方的发点，即掌握"环中法"的关键。

通过听劲来充分地了解对方劲力，其途径原则上有二：一方面是尽量增长对方劲力的作用过程；另一方面又要尽量增加自己对于劲力的敏感程度。太极拳法规定，采取用意不用力的原则，以增加对劲力的敏感；而采用圆弧运动，以增长此过程；并用圆弧向直线的转化，以完成由防御向进攻的转变。

太极拳术中所谓的灵活，指的是人体的转动和滚动，以及凹凸的虚实变化。转动和滚动也是圆弧运动，使对方的着力点沿圆弧轨迹转移；凹凸变化实际是直线运动，使对方着力点作直线进退。无论是前者，还是后者，都是针对具体情况，使进攻的劲力落空，破坏其预定的计划方案。因而，遇劲即化，或转滚，或进退，不为敌力所困才是灵活。

太极拳法广泛使用转动，先顺转以化敌劲，再逆转以击敌身。掤、捋、挤、按必须贯彻以腰为轴的转动；采、挒、肘、靠则不仅用腰，还结合步法的虚实转换来完成各种转动。对方用大力作用于我时，只要着力点不落在通过重心的中垂线上，就可以用腰作转动，化除对方的劲力而保持自己的平衡。由于我身体的转动，着力点必随对方的劲力在空间内位移，而不能直接作用于我的重心。于是，我用小力转移其大力，着力点位移，能使对方劲力落空，身体腾虚。我则根据其运动规律，由防御转入进攻，向对方身体施力。这就是"引进落空合即出"。

滚动同样也是圆弧化劲，只要顺敌劲而滚动，就能做到"掤起彼身借彼力"。设对方以大力作用于我手臂时，我即用相应的肩、肘、腕诸关节为轴，顺应敌力微作滚卷，使其着力点的位置改变。此时，对方的着力点落空，其身体则依惯性定律继续前行，重心移动。因此，我只要有节奏地作反向逆转的滚卷，就能使对方受到打击，或发放出去。顺滚为合，逆滚为开。

着力点的改变，除利用圆弧变化外，还可以用直线变化，或者说是形象上为直线的圆弧变化。此种应用主要是对方的着力点在我重心的垂直线上时，先含胸拔背，沉腰坐胯，使其着力点微向后移，卸却来劲，随即进击。其实，在重心垂直线以外的作用力，也可以用同样的方法对待。这种直线往复的变化，是在圆弧运动的基础上，由舒展缓慢而逐渐紧凑迅猛得到的。

由此可见，只要对方的劲力挨到我的身体，我身体上的受力部分，尤其是腰胯部分，应随其速度作圆运动，或左右水平旋转，或上下垂直滚卷；先顺其劲力以接定对方的劲力，随即转移其着力点与作用方向，同时蓄劲待发。只要对方重心失去其正常位置，脚跟离地，即可发放。这种太极手法达到熟练程度时，就能够在对方劲力将发未发之际，使我的劲力突然爆发，则对方将如球弹出。此动作好像是直线，实际上仍是圆弧，否则即是顶撞对方，而不能使其着力点转移落空。但是，由于圆弧和直线之间的转化，接榫无迹，既能快迅而先发制人，又能使对方无法窥测我转化的时机。这种造诣境界的获得，必须在长期的听劲和懂劲训练中，熟谙地掌握动作和劲力的特点与规律，确切地预测其虚实变化；又必须在长期行功走架之中，提高腰裆劲的质量，全身劲力完整而富于弹性爆发力。

因此，盘架子的过程就是从开展到紧凑的过程。开始时，下肢要从大虚大实逐渐进入虚实渗透，亦虚亦实；上肢要从大圆、小圆逐渐进入外形为直线而仍富含圆弧的意味。任何圆弧动作都不得失去掤劲，意念中要随时不忘了解敌情，寻觅对方的薄弱环节，转移对方的着力点而化击对方。随着敏感程度逐渐增加，识别和判断能力也不断提高。此时，圆弧动作自然能够逐渐缩小，略微转移对方的着力点，就已经完成化劲而转入发放。在身体各部分的灵活性和敏感性都提高之后，小圆弧就可以逐渐变成没有圆弧形象的直线运动。到此地步，"彼之力方入我皮毛，我之意已入彼骨里"，对方进则将如球弹出，退则将受到发放，从而达到太极拳法在击技中圆融精妙的高度境界。

通过听劲了解到对方劲力的大小和方向之后，还可以采用分力与合力或螺旋力的作用而达到化击的效果。这里也包含有转移对方着力点的问题，但更重要的是使对方劲力的方向略微改变，而使他受到更大的合力作用。

各种拿法大多利用杠杆原理。但是，拿法的取得在于对太极拳招法的熟练，也在于打手中对方受我诱引拟合，顺势取机。然而，一般地说，任何拿法都有解法，甚至有多种解法。因此，不能将拿法看成克敌制胜的唯一方法，过高地估计其作用。不结合着力点的改变，不结合分力合力的应用，有时拿法并不能达到预期的效果。应该看到，拿法至少要占用自己的一只手，甚至要占用双手，这对我是不利的。在打手中受到擒拿时，一般性的处理是立即放松最靠近被拿处的关节，使对方拟想的支点与力点不再起作用，并依其薄弱环节而破之。例如，腕被人拿，则应松肩肘而利用滚动或移动向对方大拇指施力，如揽雀尾。因为在手握的动作中，大拇指为薄弱处。再如，肘被人拿，则应松肩松腰，以解其旋拧肘关节的作用，同时或用高探马以分脚蹬踢，或用玉女穿梭以用掌进击。所有这些动作，同样要贯注精神于听劲和懂劲。因此，在太极拳术中，我向人施力，必须周身完整，全身劲力集中；人向我施力，我周身关节必须节节松开，不使其劲力作用于我重心。

太极拳法要求了解对方情况，"因敌变化示神奇"，因而才有黏走。在我不了解敌方的劲力趋向时，则应采取问劲，主动问清对方劲力的大小、方向和着力点，并因势利导。此时，或者佯攻诈诱，如用掌扑面或锁喉，示形于敌，待其发觉而作相应变化时，我却能早一步了解其动向，并破坏其平衡；或者预设圈套，如左顾右盼，迫使对方顺我而来，我则转腰胯改变身体方位，将敌推出，不然，对方抗拒，我则用单鞭的通臂劲，立肘扣腕连击对方。

由此可见，太极拳法运用力学原理，采取以静待动、守中寓攻、攻守结合的方针，并不是消极防御，被动挨打。太极拳法并不反对主动进攻，只不过它要求在具体地了解敌情的基础上去进攻。因此，在打手中，要目光神威，精神贯注，用听劲以了解情况，用懂劲以采取应变措施，因势利导，夺取胜利。这完全是在"知己知彼，百战不殆"的原则指导下，针对具体情况做具体的解决。这种唯物辩证的高度，是在长期实践斗争中所做的概括和总结，也是对击技双方矛盾的深刻研究与认识；既不是主观臆想，也不是一厢情愿，而是具体分析与具体对待。这是太极拳法的特点，也是太极拳术与其他拳术不同的主要之点。

下篇

宋永祥派八卦功

源流

晚清时期，北京城中的宋永祥，自幼习武练功，后拜董海川为师，逐日习练八卦拳，几年后功力倍增，技艺口臻上乘，以善走下盘掌著称。出掌怀抱七星，左右连环，头手足三体合一，屈膝蹲身矮裆行步，左旋右转而分阴阳，转掌从坎卦起势，走坤卦，穿九宫，出乾卦，围圆而走，五个圆圈换掌变式，换掌必先叠步，称之为太极步。叠步必踢腿，叠步先动肘，次动腰，再动足，后掰膝，腰劲的滚转、沉劲、塌劲、虚实深蕴其中，后掌由下而上，由膝至肋至腋窝，穿钻而出，拧翻而落，从离卦处换式再走坎卦，收势必须在离卦处。势如龙蹲虎坐，沉吐绵巧，吸合抽撤，身腰似燕翻龟缩，腿行如风吹杨柳，轻灵圆活。步似槐虫一步一趋，以走为用，掌法变化为技击手段，围圆打点，循环相生，无穷无尽。掌似莲花，指分掌凹，指向上顶，腕向下塌，守中正身如天平，手臂转动如滚板，拧旋而转，出手疾速，力发冷脆快，卸化对方之力，横开斜劲，发则蓄力沉腰，合柔劲、灵劲、刚劲于一身，抖弹而出，在八卦掌术中自成一派。刘光斗先师说这种劲是由含蓄而发，称之为崩弓之力，在瞬间发出，摧枯拉朽，因此先师在拳界被称为"铁胳膊刘"。

宋永祥的弟子姓兴，名福，字石如，旗人，人称"兴三爷"。其老姓他塔喇氏，"他塔喇"从汉姓为"唐"，故又作唐石如、唐兴福。与其师宋永祥一样，唐兴福早年亦自外家入门，后师从于宋，又曾从刘德宽习六合大枪等。唐兴福自民国初期开始即在许禹生创办的京师体育研究社任教员，岁近晚年一直没有真正的徒弟传其所学。其时，刘光斗已随京城谭腿门名师张玉连、太极门名师王茂斋习艺多年，而刘光斗的习艺历程和功底又与宋永祥、唐兴福类似，王茂斋便将刘光斗荐与唐兴福，让刘正式拜唐兴福为师。同时，王茂斋也曾让其子王子英一起去学。

宋派八卦掌自宋永祥至唐兴福传刘光斗，没有在外界公开传授。刘光斗在唐兴福门下学习宋派八卦有年，深得精奥，并将其所学毫无保留地传授给刘晚苍、刘焕烈二人。在传授时严格要求，一丝不苟，并寄望二人能将宋派八卦掌传承下去。刘晚苍、刘焕烈也谨遵师训，不轻易传授，在传承中保留了宋派八卦的特有风格。

当年光斗先师要求，八卦出掌怀抱七星，手足腰、上中下三体合一，肘不离肋，掌不离心，出洞入洞，以肘护身。初习八卦掌应由慢到快，力求姿势准确无误，从定架逐步转入活架和变架，必须势势相承，连贯不断，一气呵成，不可有间断停滞、努气拙力，周身松而不懈，整而不僵。发力则要求肩催肘、肘催手，腰如轴立，胯催膝、膝催足。进则沉腰以踏其足，使腰部之力沉于胯膝，全身之力贯注于足，由内而外，以气催力，浑身蓄劲，一触即发。沉肩坠肘，头上顶，以利气沉丹田，增加内三合之力，身步合一，手足齐到，六合具备，使肩肘腕腰胯膝手足在转换中有机配合，神气意力合一集中，其发力则瞬间而出，疾如闪电，敏捷快速，令人无可捉摸，防不胜防。

技法要求：出手怀抱七星，步法桩如山岳，进即闪，闪即进，旋转迂回抢占中宫，防中守，守中攻，上下左右力贯通，身随掌起，掌随步到，背拔胸含，掌撑臀敛，起手如风，落掌似箭，打倒还嫌慢。呼吸要求：呼吸顺畅，以意催气，以气催力，意与气合，气与力合。否则经络阻滞，气血上涌，容易形成挺胸提腹、僵力，不能畅胸则腹部空虚，腹空则两足无根，足下无力，一举动身必动摇，则无下沉之劲，以致下盘不稳，步法不坚，则满身皆空。八卦眼法要求：顾在三前，盼在七星。三前即眼前、手前、脚前。七星即肩肘腕胯膝头足。八卦交手所固守的地理位置是朝不东、暮不西、午不南、夜不北，脚踏中宫，守四正，取

刘晚苍唯一存世的八卦拳照，摄于 20 世纪 80 年代
（刘君彦保存，刘源正提供）

四隅。

一腿之功，一掌之奇，没有逐日功夫，难以寻求体悟其奥妙。熟能生巧，久能通神，非精通不能神化，久练必生灵妙。刘晚苍早年练功地点在北京天坛，以走下盘掌著称，常为京城习武者所景慕，为其后来推手的独到功夫打下了坚实的基础。宋派八卦与其他流派不同的最大特点是以腿法见长，腿法是宋氏门中之绝传。换掌必叠步，叠步翻身必踢腿。点、踢、蹬，内力贯之于足，刻不容缓，锐不可当。其用灵活而气足，在连环掌法叠劲掩护下，手密而疾速，发而击人，无不中。此即宋氏三

不教之技。须穷理尽性，体炼成真，内含实际参修之功夫，非皮毛之研究能致。尤在习者细心领悟，逐日下功夫，则求之得之不难，无敌之道成矣。

暗腿多是在走转中出腿，或变掌中出腿，取低下不防之连环腿法，步步进击。初习八卦掌应以单换掌为母掌练习，练好单换掌是八卦入门的基础。宋派八卦要求未习掌法先走圈，即走八卦圈，亦称八卦步。一年走步，三年掌。走一年八卦圈，才能习练八卦老八掌（亦称前八掌）及后四手（亦称后四掌），并时常习练单操。三年时间，习练精熟后，再习八卦器械与八卦推手。当年光斗先师要求走一年八卦圈，练三年单换掌，练出三体合一、七星相聚之功，坐身松腰、悬顶敛臀掩裆之势，打好坚实的基础。一环扣一环，出手劲力充实、沉稳、刚健有力，气势恢宏。宋派八卦掌在器械上风格也有独到之处，像马眉刀、六合大杆，都是得自唐兴福的传授。刘光斗身传口授使刘晚苍、刘焕烈二人各有所习，各有所长。刘晚苍的马眉刀还曾得到唐兴福的亲自教授指导，使刘晚苍深得刀法精奥，闻名京城。刘焕烈曾得刘光斗师授以八卦变剑（纯阳剑），以太极腰八卦步为基础，抖弹崩发快速有力，上洗下截刚劲灵活而多变，旋身点刺敏捷机警而灵动。刘晚苍因六合大杆被誉为"大枪刘三爷"。刘焕烈八卦转枪，变化灵活，招法精密。这些器械的演练，处处渗透宋派八卦的深厚底蕴。

习练八卦掌，首先要走好八卦圈，由浅入深，走深走透。走八卦圈也叫行桩，行桩蹚泥步为入门基础，拧旋走转，起落钻翻，身如游龙，机警灵动。功夫练到自然而快，在这个基础上再走八卦连环掌。以八大掌为母掌，掌法要求式正招圆，劲法要求懂劲熟技，知劲明变，变中走，走中变，出手成招，拧裹劲变化万千，螺旋力层出不穷，横开直入，刚柔相济，以求练出八卦身法、腰法、步法。行步转走，摆扣步，左旋右转，进退反侧，全凭腰主宰，出手腰不活，只能有招架之功，无还手之力。要想练好宋派八卦掌，只有苦功没有捷径，只要努力，人人都能入门，入门后自会深求。

功谱

变化无穷

武八卦妙想千招　　　　　　文八卦瑞气千条

八卦功妙艺谱

宋派　兴福师　传授

刘光魁　重订

民国二十三年六月十日

　　此八卦功，一名董仙拳，自咸丰六年传录至今。董海川祖师，京东文安县朱家坞人氏。无极生太极，太极生两仪，两仪生四象，四象生八卦，八卦无朕兆。

　　老八手之名：第一手换掌，又名望斗式，又名指天画地；第二式回身捶；第三式挑手三穿；第四式转身掌；第五式回身掌；第六式斜身拗步；第七式四龙取水；第八式卧蟒翻身。

后四手之名：第一式顺式掌，第二式狮子揉球，第三式老虎大张口，第四式抽身掌。

叠步为太极步，左旋右转为两仪，三环套月为三才。

闪门艺，一手分八手，八八六十四手，一手又分八手，五百一十二手。其式之形，掌如莲花，步如杨柳，龙蹲虎坐，燕翻龟缩，形似槐虫。闪转趋避为四象，手、眼、身、腿、步为五行，腿、手、眼、心、神、意为六合。

掩手为飞九宫，变化神奇。中通消息谓之手音，随高就低谓曰上盘。身如天秤，手如滚板，而与辘轳劲不同者，此纯系上手劲也。

宋派叠步换掌三不教：不孝、淫、盗是也。

八卦枪，点、劈、崩、钩、挂、提、拦、撩、刺，神乎？叹观止已！

八卦刀，点、钩、片、旋、劈、刺、顿、剗。

此外尚有枪剑二谱。

宋派八卦功老八掌之名

宋派八卦功后四掌之名

八卦功指掌图

八卦功妙穴图

八卦大丹诀图

先天八卦图

刘光魁传妙艺功箴言

赞曰：天地之理，玄牝之门，太极之道，阴阳而已。圣人观象画卦而察万物之情，于是焉，列三才，配五行，而晓神明。明乎休咎，方成大智，隐潜行藏，自在游戏。

天地大德曰生，有德者生，靡德者死。此妙艺功自董海川僧三传至今，穷理尽相，精于极微，统名曰"相门艺"，或曰"闪门艺"，先师论辟极详。今则承授衣钵，传以规箴，故传神睹，明珠掌上，映应万方，规止传神，按图索骥，模范可得，藉慰仙心，以示不忘，乃立规旨三章，敬铭于左：

曰防身。天地间一草一木俱有情况，人而无情不如草木。故人不害我乃我不伤人，苟谓虎不伤人人自戕，岂不为虎无伤人之心，人有害虎意耶？存公去私，窥见天地之情，以德刈暴，天地以潇飒之为心，自善其身，不彼恶果，其与我间哉？

曰保身。明哲保身，亦有所本乎？观夫万物各善其生，人而独不，可乎？还虚抱朴，古有明训，祛病延年，元自仙传。道按阴阳，无极伊始，太极判生，乃出八卦而四象于是定位，化成二十四气，周流于天地之表，出入于太虚之间，消息于五行之变化，权度三才万物之机。故晦朔寒暑，昼夜生死，抽算移度，何必假鬼神手？我一念一息操之耳，如月色百花耶，情耶，孰解语耶？而流水花开，流耶，苞耶，孰解蒂耶？行善明情理，夺星移斗转，今合天地。故判理定情而通形相之变化，亦曰相门出诸智用之无涯。花开见性是真，自在受用，明明不朽，养生故斯乎？

曰衣钵。自僧董海川于皖游九华山，梦遇二童子，既悟，上山面壁三年，忽遇圣僧，仅得一睹而艺遂成。三传至今，衣钵未绝，名扬海隅，几遏行云。

光魁不敏，谨作尺牍，用传不朽，因拈一偈曰：

清风作伴，

明月为家。

以笔代耕，

眠云立雪。

铁笛无人吹，

白云无人扫。

冷笑两三声，

看空山秋月。

功法

宋派八卦老八掌

老掌一趟完整视频演示

趟路名称

第一掌 换掌		第二掌 回身捶
第三掌 挑手三穿		第四掌 转身掌
第五掌 回身掌		第六掌 斜身拗步
第七掌 四龙取水		第八掌 卧蟒翻身

第一掌 正面

第一掌 换掌（又名望斗式，指天画地）

（1）无极式	（2）双按掌	（3）双推掌
（4）左七星式	（5）闪转趋避	（6）抽身换影
（7）闪转趋避	（8）抽身换影	（9）闪转趋避
（10）左七星式	（11）双撑掌	（12）望斗式
（13）太极步	（14）鹞子钻天追风腿	（15）青龙转身
（16）闪转趋避	（17）右七星式	（18）双撑掌
（19）太极步	（20）鹞子钻天追风腿	（21）青龙转身
（22）闪转趋避		

第1动　无极式

沿圆圈东端或北端并步站立，面西背东，两掌在两腿侧自然下垂，两掌指分开，掌心向后，拇指外侧贴靠两腿，两眼平视。上动不停，左脚开步，与肩同宽，精神贯注（图4-1）。

要点：头要顶，项要直，全身放松，平静自然。

图4-1　无极式

第2动　双按掌

两掌抬起至胸前，臂内旋下按至腹部，十指相对圆撑，同时进右足，两腿力量前三后七，眼看前方（图4-2）。

要点：松肩、坐腰、沉胯，右膝微向里扣。

用法：对方或拳或掌向我正面击来，我双掌臂内旋下按其肘臂，同时出右足钩挂其小腿，双掌向前向下，沉按其小腹处可使对方立扑。

图4-2　双按掌

第3动　双推掌

右脚向前迈一大步，同时左脚跟步，两腿并立，然后双掌向前方推出（图4-3）。

要点：双掌前推，有下沉之力，沉肩肘和塌腕与跟右足协调一致，身手相应，手足相合。

用法：彼向我迎面攻来，我顺其来力，以里圈外旋向下或外圈内旋向上，先泻后发，先拔其根后发放，用之为制胜之招。

图4-3　双推掌

第4动　左七星式

右掌向左侧前方推出，然后左掌从右掌腕下上穿拧翻而出，掌心向外，同时进左足，足尖外摆，右掌臂内旋，屈肘向左肋侧下按，掌心向下，身体继续左转，眼看虎口（图4-4、图4-5）。

图4-4　左七星式（一）

要点：腰拧，肘臂拧，手掌拧，颈项拧，头、手、肘、身拧向圆心，拧成一股旋劲。

用法：彼向我击来，我闪身避其锋芒，顺势向下摖采，用上穿掌即可将其击倒。

第5动　闪转趋避

进右足里扣，开始由东向北向西向南至东沿圆而走，围圆而换（图4-6）。

图4-5　左七星式（二）

要点：闪转是身法、手法，身如天平，转走时不要忽高忽低。趋避是腿法、步法，步步紧扣，连环纵横。

用法：彼向我正面击来，我用闪化其来势，转身腰卸其力，在滚卷中或拿或发，随机而取。趋是腿法，属八卦暗腿，避是避其正攻其斜，有避迫之意，在转换中的应用是避其腿足，连环出击。

第6动　抽身换影

在向左方转走中，收右足，转身摆步，同时，右掌从左肘下上穿至左小臂腕关节下穿钻

图4-6　闪转趋避

而出，滚翻而落，继续围圆向右方转走（图4-7）。

图4-7　抽身换影

要点：翻身如燕，轻灵快速，转身如猴，机警敏捷，灵巧如猫，快捷神速。

用法：左掌向侧搬扣彼手臂，右掌由下向上拧旋钻出，一拿彼臂，二肘击彼胸，三锁彼喉，四靠其身，下击其裆腹。

第7动　闪转趋避

与第5动闪转趋避相同，唯方向相反。

第8动　抽身换影

与第6动抽身换影相同，唯方面相反。

第9动　闪转趋避

与第5动闪转趋避相同。

第10动　左七星式

转走到起势位置，由东至北端入坎卦或乾卦，三体合一站定，怀抱七星，眼看前掌虎口（图4-8）。

图4-8　左七星式

要点：身法端正，沉掌塌腕，拧旋走转，身轻步灵，蹬脚摩胫，屈腿蹚泥。

用法：以静制动，锁彼来手掌，前掌撑力含有上拱下塌之劲，在应变中坐腰沉胯，守己之中，长腰而起，奔对方上中下三点出击，疾速迅猛，沾则沉黏，发则击远。

第11动 双撑掌

进左足，上右足，马步蹲裆，两掌臂内旋，两臂重叠，下沉于腹部，两掌心下按，眼看右侧方（图4-9）。

要点：悬顶，肩肘松垂，两掌含沉劲、採劲。

用法：迎对方来手，左手下採其臂腕，沉腰拿其臂肘关节，右臂藏肘含有上击其肋之法，右腿套封其腿足。

图4-9 双撑掌

第12动 望斗式

身法步法不变，左掌外旋至头上部，向上撑起，掌心向前，右掌内旋至裆前，掌心向下，上托下沉，眼看右侧前方（图4-10）。

要点：左掌有托力，右掌有按力，两臂圆撑，马步蹲裆，十趾抓地。

用法：上托彼进击之手臂，右膝扣击其腿关节，右掌沉力翻滚以击其腹。

图4-10 望斗式

第13动 太极步

左足收至右足前，左足尖外摆90°，与右足相并，屈膝沉胯，左掌圆撑，指分掌凹，架于左额前，右肘护肋，松肩坠肘，右掌内扣塌腕，以护裆腹（图4-11）。

要点：悬顶敛臀，裹裆沉腰。

用法：左掌上架拿对方之手臂，叠步是步

图4-11 太极步

法转换，右掌塌腕，反击彼身，敏捷多变。

第 14 动　鹞子钻天追风腿

左掌沉肘，身腰左转掰膝下蹲，在转换中撤右足，同时右掌下插，由足而起，绕膝上穿至左肋腋下上穿，至肘臂外侧，钻翻而出，重心移至左腿，抬右腿向东南方向踢出，转换中身法左旋 360°（图 4-12、图 4-13）。

图 4-12　鹞子钻天追风腿（一）　图 4-13　鹞子钻天追风腿（二）

要点：下蹲时要悬顶松腰，裹裆收臀，出腿疾速。

用法：彼向我右方击来，我左转腰牵引彼来力，左掌下采其腕，右掌上穿挑其肘，同时翻卷手臂，随即出腿将其击出。

第 15 动　青龙转身

落右足，足尖外摆，弓右腿蹬左腿，翻右掌，臂外旋，眼看右掌虎口（图 4-14）。

要点：身体中正平衡，气势端庄。

用法：右掌上穿其臂，在转换中以斜取正，上攻其胸肩，中取其腰腹，下以右腿封其裆足。

图 4-14　青龙转身

第 16 动　闪转趋避

与第 5 动闪转趋避相同，唯方向相反（图
4-15）。

第 17 动　右七星式

转走至离卦或乾卦，在南端站定，与第 10
动左七星式相同，唯方向相反（图 4-16）。

图 4-15　闪转趋避

第 18 动　双撑掌

与第 11 动双撑掌相同，唯方向相反（图
4-17、图 4-18）。

第 19 动　太极步

与第 13 动太极步相同，唯方向相反（图
4-19）。

图 4-16　右七星式

图 4-17　双撑掌（一）

图 4-18　双撑掌（二）

图 4-19　太极步

第20动　鹞子钻天追风腿

与第14动鹞子钻天追风腿相同，唯方向相反（图4-20、图4-21）。

图4-20　鹞子钻天追风　　　图4-21　鹞子钻天追风
　　　　腿（一）　　　　　　　　　腿（二）

第21动　青龙转身

与第15动青龙转身相同，唯方向相反（图4-22）。

第22动　闪转趋避

与第5动闪转趋避相同（图4-23）。

图4-22　青龙转身　　　　图4-23　闪转趋避

单换掌法无极功，怀抱琵琶转七星。

先撩后拿定心肘，闪转趋避脱身形。

第二掌　回身捶

（1）进步左七星式　（2）双抱捶　　　　（3）反背捶

（4）太极步　　　　（5）鹞子钻天追风腿　（6）青龙转身

（7）闪转趋避　　　（8）进步右七星式　　（9）双抱捶

（10）反背捶　　　　（11）太极步　　　　（12）鹞子钻天追风腿

（13）青龙转身　　　（14）闪转趋避

第1动　进步左七星式

转走至北端坎卦方位，进左足跟右足，右足在左足旁侧足尖点地，两掌不变，眼看前方（图4-24）。

要点：头虚领顶劲，身法正中不偏。

用法：彼向我侧方攻来，我以右掌擒其臂，用左掌直逼其胸，臂外旋发力，可将其击出。

图4-24　进步左七星式

第2动　双抱捶

身体右转180°，右足向右后方进一大步，马步桩站立，两捶十字交叉相合于胸前，眼看右前方（图4-25）。

用法：彼从我后方用左拳击我后背，我转身用我左拳擒取彼手，右拳直击彼胸肋，坐腰沉胯以助其势。

图4-25　双抱捶

第3动　反背捶

上右足进左足旋转360°，将两臂拳横劲反背而出，骑马蹲裆（图4-26）。

要点：沉腰坐胯，力贯双足。

用法：彼向我击来，我截击其臂，上击其胸，后击其背，中击其腰肋，下击其裆腹。

图4-26　反背捶（反面）

第4动　太极步

与第一掌第13动太极步相同（图4-27）。

第5动　鹞子钻天追风腿

与第一掌第14动鹞子钻天追风腿相同（图4-28、图4-29）。

图4-27　太极步　　　　图4-28　鹞子钻天追风腿（一）　　　　图4-29　鹞子钻天追风腿（二）

第6动　青龙转身

与第一掌第15动青龙转身相同（图4-30）。

第 7 动　闪转趋避

与第一掌第 7 动闪转趋避相同（图 4-31）。

第 8 动　进步右七星式

与第二掌第 1 动进步左七星式相同，唯方向相反（图 4-32）。

图 4-30　青龙转身　　　图 4-31　闪转趋避　　　图 4-32　进步右七星式

第 9 动　双抱捶

与第二掌第 2 动双抱捶相同，唯方向相反
（图 4-33）。

第 10 动　反背捶

与第二掌第 3 动反背捶相同，唯方向相反
（图 4-34）。

图 4-33　双抱捶

第 11 动　太极步

与第二掌第 4 动太极步相同，唯方向相反（图 4-35）。

第 12 动　鹞子钻天追风腿

与第二掌第 5 动鹞子钻天追风腿相同，唯方向相反（图 4-36、图 4-37）。

第 13 动　青龙转身

与第一掌第 21 动青龙转身相同（图 4-38）。

第 14 动　闪转趋避

与第一掌第 22 动闪转趋避相同（图 4-39）。

图 4-34　反背捶

图 4-35　太极步

图 4-36　鹞子钻天追风
腿（一）

图 4-37　鹞子钻天追风
腿（二）

图 4-38　青龙转身

图 4-39　闪转趋避

回身反背用捶击，连环捶法双臂力。

骑马蹲裆泰山势，周身上下似崩弓。

第三掌　挑手三穿

（1）左七星式　　　（2）挑手三穿　　　（3）挑手三穿

（4）穿掌十字腿　　（5）太极步　　　　（6）鹞子钻天追风腿

（7）青龙转身　　　（8）闪转趋避　　　（9）右七星式

（10）挑手三穿　　（11）挑手三穿　　（12）穿掌十字腿

（13）太极步　　　（14）鹞子钻天追风腿　（15）青龙转身

（16）闪转趋避

第1动　左七星式

与第一掌第10动左七星式相同（图4-40）。

第2动　挑手三穿

上左足，右掌从左肘腕下直穿而出，同时右足向前进一步，足尖点地，右掌翻转下按沉于右肘侧，掌心向下，肘护肋，掌护手，眼看前方（图4-41）。

要点：肩肘腰相合，手腿足相随，不偏不倚。

用法：彼迎面向我击来，或拳或腿，我上挑其臂手，下按其腿腰，穿掌锁喉，翻掌扑面，肘靠胸，胯打膝，腿封足。

第3动　挑手三穿

与上动挑手三穿相同，唯左右互换（图4-42）。

第4动　穿掌十字腿

在左式穿掌的同时踢右腿，奔其肋或裆，然后翻掌马步下按（图 4-43）。

要点：踢腿与上穿要协调一致。

用法：我迎面穿掌而出，上击肋，外套封其腿足，内插裆以击其腹。

第5动　太极步

与第一掌第 13 动太极步相同（图 4-44）。

第6动　鹞子钻天追风腿

与第一掌第 14 动鹞子钻天追风腿相同（图 4-45）。

图 4-40　左七星式

图 4-41　挑手三穿

图 4-42　挑手三穿

图 4-43　穿掌十字腿

图 4-44　太极步

图 4-45　鹞子钻天追风腿

第 7 动　青龙转身

与第一掌第 15 动青龙转身相同。

第 8 动　闪转趋避

与第一掌第 7 动闪转趋避相同。

第 9 动　右七星式

与第一掌第 17 动相同（图 4-46）。

第 10 动　挑手三穿

与第三掌第 3 动挑手三穿相同，唯方向相反（图 4-47）。

第 11 动　挑手三穿

与第三掌第 2 动挑手三穿相同，唯方向相反（图 4-48）。

第 12 动　穿掌十字腿

与第三掌第 4 动穿掌十字腿相同，唯方向相反（图 4-49）。

第 13 动　太极步

与第一掌第 13 动太极步相同，唯方向相反（图 4-50）。

第 14 动　鹞子钻天追风腿

与第一掌第 20 动鹞子钻天追风腿相同（图 4-51）。

第 15 动　青龙转身

与第一掌第 21 动青龙转身相同。

图 4-46　右七星式

图 4-47　挑手三穿

图 4-48　挑手三穿

图 4-49　穿掌十字腿

图 4-50　太极步

图 4-51　鹞子钻天追风腿

第 16 动　闪转趋避

与第一掌第 22 动闪转趋避相同。

挑手三穿鹰比疾，先挑后打翻掌起。
翻转直击穿林手，挑上打下飞腿取。

第四掌　转身掌

（1）左七星式　　　（2）双撑掌　　　（3）转身掌

第四掌　反面

（4）翻身靠掌　　（5）太极步　　　　（6）鹞子钻天追风腿

（7）青龙转身　　（8）闪转趋避　　　（9）右七星式

（10）双撑掌　　　（11）转身掌　　　（12）翻身靠掌

（13）太极步　　　（14）鹞子钻天追风腿　（15）青龙转身

（16）闪转趋避

第1动　左七星式

与第一掌第10动左七星式相同（图4-52）。

第2动　双撑掌

与第一掌第11动双撑掌相同（图4-53）。

第3动　转身掌

身体向左转身180°，同时撤左足上步，左掌随身体左转划圈劈出，右掌向前推出，眼看右掌（图4-54）。

要点：转身上步、冲掌要协调一致。

用法：彼用左臂击来，我用左掌向下扣带其手臂，并用右掌推击其肋肩胸际。

第4动　翻身靠掌

上右足再进左足，转身180°，同时右掌扣带，左掌横向斜上，用臂肘肩发力而出，眼看左前上方（图4-55）。

要点：转身、上步、发力要整齐合一。

用法：彼向我击来，我右手扣带其臂转身向其胸肋靠出。

第5动　太极步

上右足左转身，同时左掌搬扣，右掌向前横向推出，然后左足收至右足前，左足尖外摆90°，与右足相并，左掌圆撑，右掌下行至裆腹处（图4-56）。

要点：与第一掌第13动太极步相同。

用法：与第一掌第13动太极步相同。

第6动　鹞子钻天追风腿

与第一掌第14动鹞子钻天追风腿相同（图4-57）。

第7动　青龙转身

与第一掌第15动青龙转身相同。

图4-52　左七星式

图4-53　双撑掌

图4-54　转身掌

图4-55　翻身靠掌

图4-56　太极步

图4-57　鹞子钻天追风腿

第 8 动　闪转趋避

与第一掌第 7 动闪转趋避相同。

第 9 动　右七星式

与第一掌第 17 动右七星式相同（图 4-58）。

第 10 动　双撑掌

与第一掌第 11 动双撑掌相同，唯方向相反（图 4-59）。

第 11 动　转身掌

与第四掌第 3 动转身掌相同，唯方向相反（图 4-60）。

第 12 动　翻身靠掌

与第 4 动翻身靠掌相同，唯方向相反（图 4-61）。

第 13 动　太极步

与第 5 动太极步相同，唯方向相反（图 4-62）。

第 14 动　鹞子钻天追风腿

与第 6 动鹞子钻天追风腿相同，唯方向相反（图 4-63）。

第 15 动　青龙转身

与第 7 动青龙转身相同，唯方向相反。

第 16 动　闪转趋避

与第 8 动闪转趋避相同，唯方向相反。

图 4-58 右七星式

图 4-59 双撑掌

图 4-60 转身掌

图 4-61 翻身靠掌

图 4-62 太极步

图 4-63 鹞子钻天追风腿

上步搭手转回身，出招进击在腰功。

转身掌法连环步，肩击胯打法上乘。

第五掌　回身掌

第五掌　正面

（1）左七星式	（2）麒麟吐书	（3）迎面掌
（4）回身掌	（5）托天掌	（6）太极步
（7）鹞子钻天追风腿	（8）青龙转身	（9）闪转趋避
（10）右七星式	（11）麒麟吐书	（12）迎面掌
（13）回身掌	（14）托天掌	（15）太极步

（16）鹞子钻天追风腿　　（17）青龙转身　　　　（18）闪转趋避

第1动　左七星式

与第一掌第 10 动左七星式相同（图 4-64）。

第2动　麒麟吐书

左足上一步踏实，右足前进一步，足尖点地，同时右掌顺左掌肘下前穿而出，掌心向上成仰掌，眼看右掌（图 4-65）。

要点：穿掌上步蹬后足，要合一。

用法：此掌出手奔对方咽喉，明掌锁喉，暗掌扑面，下藏暗腿。

第3动　迎面掌

右足前进一大步，后足跟步，右掌向前方斜上穿出，成仰掌，左掌在右肘侧成俯掌，眼看右掌（图 4-66）。

要点：右掌高于头平，两臂微曲，沉肩坠肘。

用法：右掌取敌中锋及头部、面部，内藏暗肘击胸。

第4动　回身掌

左转身 180°，同时进左足弓步，然后左掌向左前斜方，横推而出（图 4-67）。

要点：左掌高不过眉，松肩坠肘，后足蹬力。

用法：左掌搬扣对方直来之臂，转身向其肋胸横向斜击，使其被横推而出。

第5动　托天掌

进右足，左掌翻掌上托，右掌从左侧下方向前托出，眼看右前方（图 4-68）。

要点：骑马蹲裆，全身整力。

用法：左掌托彼肘臂，右掌上攻其腹，中击其肋。

第6动　太极步

与第一掌第13动太极步相同（图4-69）。

第7动　鹞子钻天追风腿

与第一掌第14动鹞子钻天追风腿相同。

第8动　青龙转身

与第一掌第15动青龙转身相同。

图4-64　左七星式

图4-65　麒麟吐书

图4-66　迎面掌

图4-67　回身掌

图4-68　托天掌

图4-69　太极步

第 9 动　闪转趋避

与第一掌第 16 动闪转趋避相同。

第 10 动　右七星式

与第一掌第 17 动右七星式相同（图 4-70）。

第 11 动　麒麟吐书

与第 2 动麒麟吐书相同，唯方向相反（图 4-71）。

第 12 动　迎面掌

与第 3 动迎面掌相同，唯方向相反（图 4-72）。

第 13 动　回身掌

与第 4 动回身掌相同，唯方向相反（图 4-73）。

第 14 动　托天掌

与第 5 动托天掌相同，唯方向相反（图 4-74）。

第 15 动　太极步

与第一掌第 19 动太极步相同（图 4-75）。

第 16 动　鹞子钻天追风腿

与第一掌第 20 动鹞子钻天追风腿相同。

第 17 动　青龙转身

与第一掌第 21 动青龙转身相同。

图 4-70 右七星式

图 4-71 麒麟吐书

图 4-72 迎面掌

图 4-73 回身掌

图 4-74 托天掌

图 4-75 太极步

第 18 动　闪转趋避

与第一掌第 22 动闪转趋避相同。

进步出掌似蛇行，长身而起蛇信灵。

麒麟吐书马分鬃，上步两掌托七星。

第六掌　斜身拗步

第六掌　反面

（1）左七星式　　　　（2）左拗步双封掌　　　（3）右拗步双封掌

（4）腋掌　　　　　　（5）马上开弓　　　　　（6）太极步

（7）鹞子钻天追风腿　（8）青龙转身　　　　　（9）闪转趋避

（10）右七星式　　　　（11）右拗步双封掌　　　（12）左拗步双封掌

（13）腋掌　　　　　　（14）马上开弓　　　　（15）太极步

（16）鹞子钻天追风腿　（17）青龙转身　　　　（18）闪转趋避

第1动　左七星式

与第一掌第10动左七星式相同（图4-76）。

第2动　左拗步双封掌

左足回收至与右足相叠，身体右转，同时两掌向左搬采。随之左转身，两掌向左搬采，然后向左转身180°，右足向左前斜方上一大步，同时双掌向前推出，眼看前方（图4-77~图4-79）。

要点：两掌搬采掌心向外，转身上步，推掌要一致。

第3动　右拗步双封掌

与左拗步双封掌相同，唯方向相反（图4-80~图4-82）。

要点：两掌搬采掌心向外，转身上步，推掌要一致。

用法：彼向右掌或拳向我击来，我向右搬采其臂，然后转腰上步，用双掌上封其腹，下封其腿足，可将其发出。

第4动　腋掌

上左足，右臂屈肘内旋，反臂由左胸肋至左膝关节处翻掌而出，掌心向外，同时右掌处旋上架于右额上方，眼看左前方（图4-83）。

要点：头上顶，沉腰坐胯，中定马步。

用法：彼右掌向我击来，我右掌横搬其臂，同时左掌奔其裆腹要害。

第5动　马上开弓

进右足，左掌上架于左额上方，掌心向外，右掌同时向前方推出，掌指朝上，掌心向前，眼看右掌指（图4-84）。

图 4-76　左七星式

图 4-77　左拗步双封掌
（一）

图 4-78　左拗步双封掌
（二）

图 4-79　左拗步双封掌
（三）

图 4-80　右拗步双封掌
（一）

图 4-81　右拗步双封掌
（二）

图 4-82　右拗步双封掌
（三）

图 4-83　腋掌

图 4-84　马上开弓

要点：要骑马蹲裆，坐腰沉胯。

用法：左掌接架对方击来之手，进右足发右掌以击其肋腋。

第6动　太极步

与第一掌第13动太极步相同（图4-85）。

第7动　鹞子钻天追风腿

与第一掌第14动鹞子钻天追风腿相同（图4-86、图4-87）。

第8动　青龙转身

与第一掌第15动青龙转身相同。

第9动　闪转趋避

与第一掌第16动闪转趋避相同。

第10动　右七星式

与第一掌第17动右七星式相同（图4-88）。

第11动　右拗步双封掌

与第3动右拗步双封掌相同（图4-89~图4-91）。

第12动　左拗步双封掌

与第2动左拗步双封掌相同（图4-92~图4-94）。

第13动　腋掌

与第4动腋掌相同，唯方向相反（图4-95）。

图 4-85　太极步

图 4-86　鹞子钻天追风
腿（一）

图 4-87　鹞子钻天追风
腿（二）

图 4-88　右七星式

图 4-89　右拗步双封掌
（一）

图 4-90　右拗步双封掌
（二）

图 4-91　右拗步双封掌
（三）

图 4-92　左拗步双封掌
（一）

图 4-93　左拗步双封掌
（二）

第14动　马上开弓

与第5动马上开弓相同，唯方向相反（图4-96）。

第15动　太极步

与第一掌第19动太极步相同（图4-97）。

第16动　鹞子钻天追风腿

与第一掌第14动鹞子钻天追风腿相同，唯方向相反（图4-98、图4-99）。

图4-94　左捌步双封掌（三）

图4-95　腋掌

图4-96　马上开弓

图4-97　太极步

图4-98　鹞子钻天追风腿（一）

图4-99　鹞子钻天追风腿（二）

第17动　青龙转身

与第一掌第 15 动青龙转身相同，唯方向相反。

第18动　闪转趋避

与第一掌第 16 动闪转趋避相同，唯方向相反。

左右搬采腰轴承，双撞掌法势更凶。

八卦腋掌随招用，击人发人快如风。

第七掌　四龙取水

（1）左七星式　　　　（2）龙形掌右式　　　　（3）龙形掌左式

（4）龙形掌右式　　　（5）转身龙探爪　　　　（6）太极步

（7）鹞子钻天追风腿　（8）青龙转身　　　　　（9）闪转趋避

（10）右七星式　　　　（11）龙形掌左式　　　　（12）龙形掌右式

（13）龙形掌左式　　　（14）转身龙探爪　　　　（15）太极步

（16）鹞子钻天追风腿　（17）青龙转身　　　　　（18）闪转趋避

第1动　左七星式

与第一掌第 10 动左七星式相同（图 4-100）。

第2动　龙形掌右式

由七星式开始，左掌下落内旋，右掌上钻外旋掌，同时迈左足，右足随之前进一大步，左足跟进一步，然后两掌向前向下推按而出，眼看右掌（图 4-101、图 4-102）。

要点：身体重心前三后七，松肩坠肘坐腰沉胯。

用法：彼以右掌向我击来，我以右掌搬采其臂，同时进右足，下封其腿。右掌向前上封其喉，中封其胸，用肩肘的沉力和腰裆之力贯之于足，发则可击人。

第3动　龙形掌左式

与龙形掌右式相同，唯方向相反（图4-103~图4-105）。

第4动　龙形掌右式

与第2动龙形掌右式相同（图4-106~图4-107）。

第5动　转身龙探爪

身体左转180°，进左足成左弓步，左掌向左侧上方外旋探掌，右

图4-100　左七星式　　　图4-101　龙形掌右式（一）　　　图4-102　龙形掌右式（二）

图4-103　龙形掌左式（一）　　　图4-104　龙形掌左式（二）　　　图4-105　龙形掌左式（三）

掌向右侧下方扣採，眼看右掌（图4-108）。

要点：左掌高于头平，腰胯放松两掌两腿用力。

用法：彼用右掌击来，我右臂掌擒其腕臂，左掌上封其喉，中封其胸，用左腿封其腿足。

第6动　太极步

与第一掌第13动太极步相同（图4-109）。

第7动　鹞子钻天追风腿

与第一掌第14动鹞子钻天追风腿相同（图4-110、图4-111）。

图4-106　龙形掌右式（一）　　图4-107　龙形掌右式（二）　　图4-108　转身龙探爪

图4-109　太极步　　图4-110　鹞子钻天追风腿（一）　　图4-111　鹞子钻天追风腿（二）

第8动　青龙转身

与第一掌第 15 动青龙转身相同。

第9动　闪转趋避

与第一掌第 16 动闪转趋避相同。

第 10 动　右七星式

与第一掌第 17 动右七星式相同（图 4-112）。

第 11 动　龙形掌左式

与第 2 动龙形掌右式相同，唯方向相反（图 4-113、图 4-114）。

第 12 动　龙形掌右式

与第 3 动龙形掌左式相同，唯方向相反（图 4-115~ 图 4-117）。

第 13 动　龙形掌左式

与第 4 动龙形掌右式相同，唯方向相反（图 4-118、图 4-119）。

第 14 动　转身龙探爪

与第 5 动转身龙探爪相同，唯方向相反（图 4-120）。

第 15 动　太极步

与第一掌第 19 动太极步相同（图 4-121）。

第 16 动　鹞子钻天追风腿

与第一掌第 20 动鹞子钻天追风腿相同（图 4-122、图 4-123）。

图 4-112 右七星式

图 4-113 龙形掌左式
（一）

图 4-114 龙形掌左式
（二）

图 4-115 龙形掌右式
（一）

图 4-116 龙形掌右式
（二）

图 4-117 龙形掌右式
（三）

图 4-118 龙形掌左式
（一）

图 4-119 龙形掌左式
（二）

图 4-120 转身龙探爪

图 4-121 太极步　　图 4-122 鹞子钻天追风　　图 4-123 鹞子钻天追风
　　　　　　　　　　　　　　腿（一）　　　　　　　　腿（二）

第 17 动　青龙转身

与第一掌第 21 动青龙转身相同。

第 18 动　闪转趋避

与第一掌第 22 动闪转趋避相同。

龙形掌法奔前锋，出手探爪咽喉封。

左右运用连环手，步步进击似龙腾。

第八掌　卧蟒翻身

第八掌　反面

（1）左七星式　　　　（2）卧蟒出洞左式　　（3）卧蟒出洞右式

（4）卧蟒出洞左式　　（5）卧蟒翻身　　　　（6）太极步

（7）鹞子钻天追风腿　（8）青龙转身　　　　（9）闪转趋避

（10）右七星式　　　（11）卧蟒出洞右式　　（12）卧蟒出洞左式

（13）卧蟒出洞右式　（14）卧蟒翻身　　　　（15）太极步

（16）鹞子钻天追风腿（17）青龙转身　　　　（18）闪转趋避

（19）七星收势

第1动　左七星式

与第一掌第10动左七星式相同（图4-124）。

第2动　卧蟒出洞左式

由七星式开始，上左足进右足，足尖点地，两掌随之前进，左为阴右为阳，两掌相对，抱于胸前，眼看前方（图4-125）。

第3动　卧蟒出洞右式

与左式相同，唯方向相反（图4-126）。

图4-124　左七星式　　图4-125　卧蟒出洞左式　　图4-126　卧蟒出洞右式

第4动　卧蟒出洞左式

与第2动相同（图4-127）。

要点：松肩坠肘，坐腰沉胯，全身重心在后腿。

用法：设敌单掌或双掌或拳向我正面攻来，我两掌一阴一阳为乾坤手，上下翻滚，翻为化，滚为进，内藏暗掌，承受彼之劲而进。进必进前足，内藏暗腿，一掌变，八掌随，化则绵软巧，发则冷脆快，随曲就伸，变化莫测。

第5动 卧蟒翻身

上右足为右弓步，两掌同时探掌而出，两掌阴阳相对，左上右下，然后翻身360°，进左足为左弓步，两掌不变，眼看前方（图4-128、图4-129）。

要点：左掌与胸平，右掌高于头平，两掌有撑力，力贯两足。

用法：乾坤手前探，上取其胸肩，下取其腿胯，中拿腰或拿或发，随机而动。

图 4-127 卧蟒出洞左式　图 4-128 卧蟒翻身（一）　图 4-129 卧蟒翻身（二）

第6动 太极步

进右足左转身，左掌屈臂外旋，掌心向外，右掌向前横推而出，掌心向外，同时收左足与右足相并，左掌随腰劲左转，架于左额前，右掌护于腹部，掌心向下，眼平视（图4-130）。

要点与用法与第一掌第13动太极步相同。

第7动 鹞子钻天追风腿

与第一掌第14动鹞子钻天追风腿相同（图4-131、图4-132）。

图 4-130　太极步　　　图 4-131　鹞子钻天追风　　图 4-132　鹞子钻天追风
　　　　　　　　　　　　　　　　腿（一）　　　　　　　　　腿（二）

第8动　青龙转身

与第一掌第 15 动青龙转身相同。

第9动　闪转趋避

与第一掌第 16 动闪转趋避相同。

第 10 动　右七星式

与第一掌第 17 动右七星式相同（图 4-133）。

第 11 动　卧蟒出洞右式

与第 2 动卧蟒出洞左式相同，唯方向相反（图 4-134）。

第 12 动　卧蟒出洞左式

与第 3 动卧蟒出洞右式相同，唯方向相反（图 4-135）。

第 13 动　卧蟒出洞右式

与第 2 动卧蟒出洞左式相同，唯方向相反（图 4-136）。

図 4-133　右七星式　　　図 4-134　卧蟒出洞右式　　図 4-135　卧蟒出洞左式

第 14 动　卧蟒翻身

与第 5 动卧蟒翻身相同，唯方向相反（图 4-137、图 4-138）。

第 15 动　太极步

与第 6 动太极步相同，唯方向相反（图 4-139）。

第 16 动　鹞子钻天追风腿

与第一掌第 20 动鹞子钻天追风腿相同（图 4-140、图 4-141）。

　図 4-136　卧蟒出洞右式　　図 4-137　卧蟒翻身（一）　図 4-138　卧蟒翻身（二）

图 4-139　太极步　　图 4-140　鹞子钻天追风　　图 4-141　鹞子钻天追风
　　　　　　　　　　　　腿（一）　　　　　　　　　腿（二）

第 17 动　青龙转身

与第一掌第 21 动青龙转身相同。

第 18 动　闪转趋避

与第一掌第 22 动闪转趋避相同（图 4-142）。

第 19 动　七星收势

转走至起势位置。怀抱左七星式，右足收回，身体直立两腿与肩同宽，两掌在胸下按，左足向右足靠拢成立正姿势，两掌下垂贴于两腿侧，两眼平视（图 4-143、图 4-144）。

图 4-142　闪转趋避　　图 4-143　七星收势（一）　图 4-144　七星收势（二）

蟒形掌法出入洞，翻闪阴阳抱球行。

卧蟒翻身逞变化，转走乾坤螺旋功。

宋派八卦后四掌

趟路名称

第一掌　顺式掌　　　　第二掌　狮子揉球

第三掌　老虎大张口　　第四掌　抽身掌

第一掌　顺式掌

（1）左七星式　　（2）顺式掌　　　　（3）转身反撩掌

（4）顺步翻掌　　（5）太极步　　　　（6）鹞子钻天追风腿

（7）青龙转身　　（8）闪转趋避　　　（9）右七星式

（10）顺式掌　　（11）转身反撩掌　　（12）顺步翻掌

（13）太极步　　（14）鹞子钻天追风腿　（15）青龙转身

（16）闪转趋避

第1动　左七星式

在圆环北端，从坎卦起势，由左七星式开始（图4-145）。

第2动　顺式掌

身体左转90°，然后进左足上右足，屈膝半蹲，同时跟左足，足尖点地，左臂屈肘左撑，抱掌于左侧方，同时右掌外旋，向左前方推出，眼看前方（图 4-146）。

要点：转换时身法、步法协调一致。

用法：彼用左掌击我，我左转身左掌搬扣其臂掌，同时进左足上右足，右掌上击其肋，右腿下封其腿足，上下合一，可使彼扑地。

第 3 动　转身反撩掌

身体左转 180°，左掌屈肘内旋反臂，由胸前至腹至左腿膝关节处撩出，掌心反向上，左腿伸直，足尖里扣，右腿屈膝下蹲，足尖里扣，右掌在头右上方，眼看左掌（图 4-147）。

要点：全身重心在右腿，左腿成仆步。

用法：彼用右掌击我，我左掌搬采其臂，右掌撩其裆腹。

第 4 动　顺步翻掌

左腿变左弓步，左掌随之外旋翻掌，掌心斜向上，右掌向下采带停于右胯旁，眼看左掌（图 4-148）。

要点：头上顶，两腿力量平衡，左掌高于头平。

用法：此招为彼方拿住，我以肩肘为轴滚翻击人。

第 5 动　太极步

进右足左转身，左掌屈臂外旋，掌心向外，右掌向前横推而出，掌心向外，同时收左足与右足相并，左掌随腰劲左转，撑在左额前，右掌护于腹部，掌心向下，眼平视（图 4-149）。

要点与用法与前八掌第一掌第 13 动太极步相同。

第 6 动　鹞子钻天追风腿

与前八掌第一掌第 14 动鹞子钻天追风腿相同（图 4-150）。

图 4-145　左七星式　　　　图 4-146　顺式掌　　　　图 4-147　转身反撩掌

图 4-148　顺步翻掌　　　　图 4-149　太极步　　　　图 4-150　鹞子钻天追风腿

第 7 动　青龙转身

与前八掌第一掌第 15 动青龙转身相同。

第 8 动　闪转趋避

与前八掌第一掌第 16 动闪转趋避相同。

第 9 动　右七星式

与前八掌第一掌第 17 动右七星式相同（图 4-151）。

第 10 动　顺式掌

与第 2 动顺式掌相同，唯方向相反（图 4-152）。

刘晚苍传内家功夫与手抄老谱

第 11 动　转身反撩掌

与第 3 动转身反撩掌相同，唯方向相反（图 4-153）。

第 12 动　顺步翻掌

与第 4 动顺步翻掌相同，唯方向相反（图 4-154）。

第 13 动　太极步

与第 5 动太极步相同，唯方向相反（图 4-155）。

第 14 动　鹞子钻天追风腿

与第 6 动鹞子钻天追风腿相同，唯方向相反（图 4-156）。

图 4-151　右七星式　　　　图 4-152　顺式掌　　　　图 4-153　转身反撩掌

图 4-154　顺步翻掌　　　　图 4-155　太极步　　　　图 4-156　鹞子钻天追风腿

第 15 动　青龙转身

与第 7 动青龙转身相同，唯方向相反。

第 16 动　闪转趋避

与第 8 动闪转趋避相同，唯方向相反。

顺式掌法手行功，闭门推月把人封。

翻身探掌旋转动，见招拆招占上风。

第二掌　狮子揉球

（1）左七星式　　　　（2）狮子揉球（进身）　（3）狮子揉球（退身）

（4）狮子揉球（进身）（5）狮子翻身　　　　　（6）太极步

（7）鹞子钻天追风腿　（8）青龙转身　　　　　（9）闪转趋避

（10）右七星式　　　　（11）狮子揉球（进身）（12）狮子揉球（退身）

（13）狮子揉球（进身）（14）狮子翻身　　　　（15）太极步

（16）鹞子钻天追风腿　（17）青龙转身　　　　（18）闪转趋避

第 1 动　左七星式

与后四掌第一掌第 1 动左七星式相同（图 4-157）。

第 2 动　狮子揉球（进身）

进左足上右足，落于左足前方，足尖点地，同时两掌左阴右阳，成抱球状螺旋前进，随之进右足上左足，落于右足前方，足尖点地，两掌右阴左阳，抱球螺旋而进。如此三进（图 4-158~图 4-160）。

第 3 动　狮子揉球（退身）

接上式，退右足收左足于右足前方，两掌由右阳左阴，抱球螺旋而退，变为右阴左阳。随之退左足，收右足于左足前方，两掌由右阴左阳抱球螺旋而退，变为右阳左阴。再退右足收左足于右足前方，两掌由右阳左阴再抱球螺旋而退，变为右阴左阳，随之退左足收右足，于左足前方，眼看阴阳掌。如此退四（图 4-161~图 4-164）。

第 4 动　狮子揉球（进身）

与第 2 动相同，唯左右势互换（图 4-165~图 4-167）。

图 4-157　左七星式

图 4-158　狮子揉球（进身，一）

图 4-159　狮子揉球（进身，二）

图 4-160　狮子揉球（进身，三）

图 4-161　狮子揉球（退身，一）

图 4-162　狮子揉球（退身，二）

图 4-163　狮子揉球（退　图 4-164　狮子揉球（退　图 4-165　狮子揉球（进
　　　　身，三）　　　　　　　　身，四）　　　　　　　　身，一）

图 4-166　狮子揉球（进　图 4-167　狮子揉球（进
　　　　身，二）　　　　　　　　身，三）

　　要点：进左足则左为实右为虚，进右足则右为实左为虚，退右足则
右为实左为虚，虚实转换，随腰而动。

　　用法：彼向我进击，或掌或拳或腿或足，我以乾坤掌、阴阳悉变，
滚卷往来，奇正相生，进之则随，黏之则沾，牵动往来，柔化刚发，卸
而后发，发无不中。

第5动　狮子翻身

　　接上式，进左足为左弓步，两掌长腰而出，然后身腰右转180°，同
时进右足为右弓步，两掌左阴右阳，眼看阴阳掌（图 4-168、图 4-169）。

要点：左右弓步，重心在两足之间，翻身时力贯两足。

用法：彼双掌击来，我用狮吞手阴阳出击，攻中守，守中攻，上封喉，中取腰，下闭阴拿腿封足。应用时要慎而用之。

图 4-168　狮子翻身（一）　图 4-169　狮子翻身（二）

第 6 动　太极步

右掌外旋反臂向右方横推而出，左掌外旋于额前，掌心向外，同时左足收叠于右足前，眼看右掌（图 4-170）。

要点：叠步要下蹲，头不失顶劲。

用法：彼向我击来，我左掌外搬其臂，右掌反臂直攻其肋，右腿下封其裆足。

第 7 动　鹞子钻天追风腿

与前八掌第一掌第 14 动鹞子钻天追风腿相同（图 4-171）。

第 8 动　青龙转身

与前八掌第一掌第 15 动青龙转身相同。

第 9 动　闪转趋避

与前八掌第一掌第 16 动闪转趋避相同。

图 4-170　太极步　　　图 4-171　鹞子钻天追风腿

第 10 动　右七星式

与前八掌第一掌第 17 动右七星式相同（图 4-172）。

第 11 动　狮子揉球（进身）

与第 2 动狮子揉球（进身）相同，唯方向相反（图 4-173~图 4-175）。

第 12 动　狮子揉球（退身）

与第 3 动狮子揉球（退身）相同，唯方向相反（图 4-176~图 4-179）。

第 13 动　狮子揉球（进身）

与第 4 动狮子揉球（进身）相同，唯方向相反（图 4-180~图 4-182）。

第 14 动　狮子翻身

与第 5 动狮子翻身相同，唯方向相反（图 4-183、图 4-184）。

第 15 动　太极步

与第 6 动太极步相同，唯方向相反（图 4-185）。

图 4-172　右七星式

图 4-173　狮子揉球（进身，一）

图 4-174　狮子揉球（进身，二）

图 4-175　狮子揉球（进身，三）

图 4-176　狮子揉球（退身，一）

图 4-177　狮子揉球（退身，二）

图 4-178　狮子揉球（退身，三）

图 4-179　狮子揉球（退身，四）

图 4-180　狮子揉球（进身，一）

第16动　鹞子钻天追风腿

与前八掌第一掌第14动鹞子钻天追风腿相同，唯方向相反（图4-186）。

第17动　青龙转身

与前八掌第一掌第15动青龙转身相同，唯方向相反。

第18动　闪转趋避

与前八掌第一掌第16动闪转趋避相同，唯方向相反。

图4-181　狮子揉球（进身，二）

图4-182　狮子揉球（进身，三）

图4-183　狮子翻身（一）

图4-184　狮子翻身（二）

图4-185　太极步

图4-186　鹞子钻天追风腿

狮子揉球守中攻，三战三取意不空。

缩小绵巧螺旋力，阴阳手法上下攻。

第三掌　老虎大张口

（1）左转老虎探爪　　（2）右转翻身式　　（3）左转翻身式

（4）虎吞手　　　　　（5）虎吞手　　　　　（6）老虎翻身

（7）右转老虎探爪　　（8）左转翻身式　　（9）右转翻身式

（10）虎吞手　　　　 （11）虎吞手　　　　 （12）老虎翻身

（13）闪转趋避

第1动　左转老虎探爪

接上式，迈左足摆步，进右足转走，左手在下，手心朝上为阳掌，右掌在上，手心朝下为阴掌，两掌成抱球状，眼看左掌（图4-187）。

要点：沉肩坠肘，上下九节劲合一，力贯两足。

用法：此招为先合力后分力，合为拿，分为发，变化莫测，实战技击，效用极强。

第2动　右转翻身式

接上式，在转走中进右足，两掌圆撑探身而出，同时两掌向左上方翻旋滚裹至右上方，然后腰右转，迈右足摆步，进左足转走，两掌圆撑，左上右下，眼看右掌（图4-188）。

第3动　左转翻身式

接上式，在转走中进左足，两掌圆撑探身而出，同时两掌向右上方翻旋滚裹至左上方，然后腰左转，迈左足摆步，进右足转走，两掌圆撑，右上左下，眼看左掌（图4-189、图4-190）。

要点：变转闪战要走中求，化发全在腰际。

用法：在走中变劲即含拿人法、发人法，在阴阳转换中化与发完成，在走中变式变招变劲，一招动八招应，式式相承。

第4动　虎吞手

进左足上右足为右弓步，同时两掌落于胸前，变为左阴右阳，眼看前方（图4-191）。

第5动　虎吞手

进左足为左弓步，同时阴阳掌上下翻，落于胸前，两掌变为右阴左阳，眼看前方（图4-192）。

图4-187　左转老虎探爪　　　图4-188　右转翻身式　　　图4-189　左转翻身式（一）

图4-190　左转翻身式（二）　　　图4-191　虎吞手　　　图4-192　虎吞手

刘晚苍传内家功夫与手抄老谱

要点：转换在腰，中正不偏。

用法：出手上封其臂，下封其足，中间取其腰身，脚踏中门占地位，左右翻转任意攻。

第6动　老虎翻身

身腰先左后右翻旋，然后左掌内旋外翻，同时右掌内旋翻向右腰下为阳掌，左掌向左前方推出，掌心向外，步法成骑马蹲裆式，眼看左掌（图4-193、图4-194）。

要点：翻身要以腰为轴，身手步合一。

用法：此招式要求身腰手臂螺旋而动，上下合一，内外贯通，技法贯串其中，乘机而用，随机而取。

第7动　右转老虎探爪

与第1动左转老虎探爪相同，唯方向相反（图4-195）。

第8动　左转翻身式

与第3动左转翻身式相同（图4-196）。

第9动　右转翻身式

与第2动右转翻身式相同（图4-197、图4-198）。

第10动　虎吞手

与第4动虎吞手相同，唯方向相反（图4-199）。

第11动　虎吞手

与第5动虎吞手相同，唯方向相反（图4-200）。

图 4-193　老虎翻身（一）　图 4-194　老虎翻身（二）

图 4-195　右转老虎探爪　图 4-196　左转翻身式　图 4-197　右转翻身式（一）

图 4-198　右转翻身式（二）　图 4-199　虎吞手　图 4-200　虎吞手

刘晚苍传内家功夫与手抄老谱

第12动　老虎翻身

与第 6 动老虎翻身相同，唯方向相反（图 4-201、图 4-202）。

第13动　闪转趋避

与前八掌第一掌第 22 动闪转趋避相同，唯方向相反（图 4-203）。

虎形掌法气势吞，一招多变左右翻。
脚踏中门取四隅，阴阳变化奇正生。

图 4-201　老虎翻身（一）　图 4-202　老虎翻身（二）　图 4-203　闪转趋避

第四掌　抽身掌

（1）左七星式　　　（2）乌龙探爪　　　（3）乌龙缠腰

（4）鹞子钻天追风腿　（5）青龙转身　　　（6）闪转趋避

（7）右七星式　　　（8）乌龙探爪　　　（9）乌龙缠腰

（10）鹞子钻天追风腿　（11）青龙转身　　（12）闪转趋避

（13）七星收势

第1动　左七星式

与后四掌第一掌第 1 动左七星式相同（图 4-204）。

第2动　乌龙探爪

上左足进右足，然后左掌内旋于左胸前，同时右掌从左掌肘下上穿为仰掌，高于眉齐，眼看右掌（图4-205）。

要点：两腿力量前三后七，右腿掩裆，左掌肘护肋掌掩心。

用法：上穿掌奔胸锁喉，左掌中取腰胯下防腿攻，掩护周密，防中守，守中攻。

第3动　乌龙缠腰

右掌外旋架于右额前，拇指外侧朝下，然后左足尖外摆，叠步并于右足前，同时腰左移两足不动，左掌内旋，从身前经腹部屈肘绕向后背，掌背贴身，眼看左肩（图4-206、图4-207）。

要点：腰左转45°，全身重点在右腿，左掌缠腰时两肩要松活。

用法：彼左掌向我右方击来，我转腰化彼之来力，黏沾其肘，右掌上穿可取其肩背，坐腰沉胯可将其击倒。

第4动　鹞子钻天追风腿

与前八掌第一掌第14动鹞子钻天追风腿相同（图4-208、图4-209）。

图4-204　左七星式　　　图4-205　乌龙探爪　　　图4-206　乌龙缠腰（一）

图 4-207　乌龙缠腰（二）　图 4-208　鹞子钻天追风 腿（一）　图 4-209　鹞子钻天追风 腿（二）

第 5 动　青龙转身

与前八掌第一掌第 15 动青龙转身相同。

第 6 动　闪转趋避

与前八掌第一掌第 16 动闪转趋避相同。

第 7 动　右七星式

与前八掌第一掌第 17 动右七星式相同（图 4-210）。

第 8 动　乌龙探爪

与第 2 动乌龙探爪相同，唯方向相反（图 4-211）。

第 9 动　乌龙缠腰

与第 3 动乌龙缠腰相同，唯方向相反（图 4-212、图 4-213）。

第 10 动　鹞子钻天追风腿

与第 4 动鹞子钻天追风腿相同，唯方向相反（图 4-214、图 4-215）。

图 4-210　右七星式　　　图 4-211　乌龙探爪　　　图 4-212　乌龙缠腰（一）

图 4-213　乌龙缠腰（二）　图 4-214　鹞子钻天追风　图 4-215　鹞子钻天追风
　　　　　　　　　　　　　　　　　腿（一）　　　　　　　　腿（二）

第 11 动　青龙转身

与第 5 动青龙转身相同，唯方向相反。

第 12 动　闪转趋避

与第 6 动闪转趋避相同，唯方向相反。

第 13 动　七星收势

转走至起势位置，为左七星式，左实右虚，眼看左掌虎口，收右足身体立起，两腿与肩同宽，双掌在胸前放平，下按落于两胯侧，掌指向下，拇指贴于两腿侧，收左足并步立定，两眼平视前方。与前八掌收势同。

　　乌龙探爪奔前胸，叠步缠腰把人封。
　　搬扣劈进八方取，推托带领任意攻。

宋派八卦单操

单操趟路

（1）穿掌　　　　　　　（2）挑掌

（3）腋掌　　　　　　　（4）翻身掌

（5）斜身拗步　　　　　（6）麒麟吐书

（7）四龙取水　　　　　（8）狮子揉球

单操八式是八卦掌技击功法的精华，其式简而致用，一掌可分变掌八式，连环纵横，式式相承，绵绵不断。桩如山岳，步似水中，拧旋走转。意动生慧，奇正相生，变化万千。可以二人对操演练，也可以围圆走转搭手对练，腾挪闪战，滚钻争裹。亦可走直趟练习，进退左右，套腿插裆。从单操中训练得机而进、乘隙而入，逐渐达到懂劲明变，知人善发，渐至从心所欲。要求身法敏捷轻灵，手法沉黏奇妙，步法闪转趋避，眼神灵动精准，腿法绵密连环。演练单操走阴阳乾坤掌，走乾卦，坤卦换式，走坤卦，乾卦换式，亦称子午阴阳掌。不限场地，可以单式习练，也可以双人搭手对练，操练时无人似有人，进攻与防守时刻意在其中。

宋派八卦推手

八卦推手就是把纯熟的八卦功夫运用到推手中去，长期演练使手眼身法步高度统一，拧旋走转，浑身是圆，掌随步到，身随掌走，刚猛中含有柔化劲，搭手则沾，沾之则转，彼进我化，彼发我泻，攻中有防，守中有攻，正面化，转身攻，久练通气血，活筋骨，强身健脑，益智增寿，使身轻步活，腰腿灵动，思维敏捷机警。日积月累，持之以恒，每次坚持八卦推手数十回合以上，则气不喘，心不慌，力不竭，功力渐长。

八卦推手以单换掌、双换掌、连环掌为基本掌法，以狮子揉球、反背捶、鸳鸯肘法为主要技法，贯串于推手之中，简单实用，灵活多变。必须熟技走转、翻旋腾挪，在闪战疾速中运用自如。在练好八卦掌的基础上，学练单换掌、双换掌，习练精熟再习其他技法。

八卦基本推手为单推手单换掌、双推手双换掌。

八卦桩定步单推手单换掌

甲乙二人相对站立，全身放松，气沉丹田，精神内敛，身法端正自然，左脚同时向左侧迈一大步，成骑马蹲裆式站定，然后两掌提起内旋下按，同时二人右掌上穿搭手，腕腕相搭，左掌按于各自左腹前，平圆搭轮而推，相互推挽十个来回（圆圈）后穿掌换手，此为单换掌右推手（图 5-1~ 图 5-4 ）。

二人同时出左掌上穿搭手，腕腕相搭，右掌按于各自右腹前，平圆搭轮而推，相互推挽十个来回（圆圈）后穿掌换手，此为单换掌左推手（图 5-5、图 5-6 ）。

八卦桩单推手单换掌为八卦桩推手法，既练站桩又推手，起初习练推一次 3~5 分钟，习练精熟后可推十多分钟或更长时间。在推手中身法要中正不偏，两脚平行沉裆马步，站立不动，长期坚持，既能增长内力，又能增强臂力和腰裆胯沉力，习练精熟而渐至周身松沉，两足有力，落地生根，全身合一，上下贯通，混元一体之八卦整体劲力。逐步训练触觉之灵敏，视觉之灵动，听劲之灵巧，内劲通灵沉稳，变化轻灵敏捷。

图 5-1　单换掌右推手（一）

图 5-2　单换掌右推手（二）

图 5-3　单换掌右推手（三）

图 5-4　单换掌右推手（四）

图 5-5　单换掌左推手（一）

图 5-6　单换掌左推手（二）

八卦步双推手双换掌

　　甲乙二人相对站立，身法中正，不偏不倚，步法轻灵而敏捷，眼神准确而灵动，二人同时进右足穿右掌搭腕相沾，左手扶彼右肘臂，向外旋翻滚，身腰右转在走中推手不停，左转或右转一至几圈不限，在走中变换往来连而不断。在走中往来变化，穿左掌搭腕相沾，右手扶彼左肘臂，向外翻滚，身腰左转在走中变换往来不断，如圆环之无端，方圆相生，无穷无尽，如长江大河，滔滔不绝。在走中运用"搬扣劈进，推托带领，闪转腾挪，擒拿捉放"十六字要诀（图5-7～图5-10）。

图 5-7　双推手双换掌（一）

图 5-8　双推手双换掌（二）

图 5-9　双推手双换掌（三）

图 5-10　双推手双换掌（四）

八卦推手十六式

（1）预备式　　　　（2）起势　　　　　（3）单换掌

（4）双换掌　　　　（5）连环掌　　　　（6）挑手穿掌

（7）反背捶　　　　（8）转身掌　　　　（9）斜身拗步

（10）四龙取水　　　（11）卧蟒翻身　　　（12）顺式掌

（13）狮子揉球　　　（14）老虎张口　　　（15）钻翻点踢腿

（16）收势

第1动　预备式

甲乙二人相对站立，间距一步，同时两掌由两侧同时抬起，至胸前下按至腹部，眼平视前方（图5-11）。

第2动　起势

甲乙二人右足各迈出一步，左实右虚，两掌由两侧同时抬起，右掌仰掌上穿外旋与乙腕相搭相沾，左掌下塌外旋至腹部，眼看两腕相搭处。

第3动　单换掌

甲乙二人右掌上钻翻旋，同时左掌下塌外旋，二人右腕沾黏相搭，然后向左转走一周至坎（离）卦方位，再穿掌转身换手向右转走一周至坎（离）卦方位，左转右旋，循环往来，甲乙二人同时穿掌转身换手（图5-12）。

第4动　双换掌

甲进右足成右弓步，同时用迎面掌击乙面部，乙向后撤左足，同时用左掌搬扣甲掌，然后两臂翻旋下按甲双臂手，甲趁势向后松沉，由里圈手翻旋下按乙之肘臂或胸腹，甲乙二人循环往来，连环攻防进击，至坎（离）卦方位，甲乙二人同时穿掌转身换手（图5-13、图5-14）。

图5-11　预备式

图5-12　单换掌

图5-13　双换掌（一）

图5-14　双换掌（二）

第5动　连环掌

乙向甲左侧攻来，用迎面掌锁喉或扑面，甲穿掌搭乙腕臂向右侧钻翻，卸其来力以避实击虚，上钻其头落翻其身，下关其膝足腿胯。同时乙左穿掌挑甲腕臂向左侧翻滚，卸其来力以避实击虚，上钻其头落翻其身，下关其膝足腿胯，转走中至坎（离）卦方位，甲乙同时穿掌转身换手（图5-15、图5-16）。

第6动　挑手穿掌

乙向甲扑面掌击来，甲挑手穿掌击乙胸部，乙同时搬领甲手臂向后转腰撤步，甲进乙退，循环往来，至坎（离）卦方位，甲乙二人同时穿掌转身换手（图5-17、图5-18）。

第7动　反背捶

乙左手臂向甲击来，甲左掌搬扣乙臂，用臂捶沉采乙肘，同时反背击乙头部胸部，乙撤步后退，甲进左步同时用左臂捶反背击之，直取乙肋、腹、肩、头等部位，进击不停，甲进乙退，至坎（离）卦方位，甲乙二人同时穿掌转身换手（图5-19、图5-20）。

第8动　转身掌

乙拳向甲击来，甲进步领乙拳，同时擒拿沉采乙臂，转身掌向乙击去，乙退甲进，甲转身靠掌向乙击出，进击不停，甲进乙退，至坎（离）卦方位，甲乙二人同时穿掌转身换手（图5-21、图5-22）。

第9动　斜身拗步

乙左拳击甲胸部，同时进足穿右掌，甲将乙拳同时腰左转将乙左臂拿其右臂，然后双掌将乙击出，左右转换，至坎（离）卦方位，甲乙二人同时穿掌转身换手（图5-23、图5-24）。

图 5-15　连环掌（一）

图 5-16　连环掌（二）

图 5-17　挑手穿掌（一）

图 5-18　挑手穿掌（二）

图 5-19　反背捶（一）

图 5-20　反背捶（二）

图 5-21　转身掌（一）

图 5-22　转身掌（二）

第 10 动　四龙取水

乙进右拳向甲面部或胸部击来，甲左掌内旋带採扣拿乙腕，同时进右足右掌截乙肘臂，沉拿前劈，上扑面下击胸或锁喉。循环往来，至坎（离）卦方位，甲乙二人同时穿掌转身换手（图5-25、图5-26）。

第 11 动　卧蟒翻身

甲乙二人阴阳掌相搭圆撑，甲长身前探，同时双掌翻旋滚动向乙击出，乙退甲跟进，滚动翻腰向乙击去，左右转换，循环往来，至坎（离）卦方位，甲乙二人同时穿掌转身换手（图5-27、图5-28）。

第 12 动　顺式掌

乙右掌向甲击来，甲左转身扣带乙右拳，同时右掌击其胸，然后转身下截其腿，同时左掌搬其臂，进右掌击其胸，循环往来，至坎（离）卦方位，甲乙二人同时穿掌转身换手（图5-29、图5-30）。

第 13 动　狮子揉球

甲乙二人在转走中，甲进乙化，甲攻乙防，甲进左足为虚，右腿屈膝半蹲为实，同时双掌向乙进击，或胸或肋，或腰或胯，或肩或肘，忽左忽右，两掌如抱球，乙退左足为实，右足变虚，随退随化，虚实转换，两掌阴阳变换，循环往来，至坎（离）卦方位，甲乙二人同时穿掌搭手转身换手（图5-31、图5-32）。

第 14 动　老虎张口

甲乙二人阴阳手两掌上下圆撑，向左转走至坎（离）卦方位，进右足翻旋右转身，两掌不变，转走至坎（离）卦方位，进左足翻旋左转身，两掌不变，转走至坎（离）卦方位，进左足再进右足再进左足左转身，右掌翻旋，横推而出，松腰沉胯，向右转走至坎（离）卦方位，进右足再进左足再进右足右转身，左掌翻旋，横推而出。循环往来，至坎（离）卦方位，甲乙二人同时穿掌转身换手（图5-33、图5-34）。

图 5-23　斜身拗步（一）

图 5-24　斜身拗步（二）

图 5-25　四龙取水（一）

图 5-26　四龙取水（二）

图 5-27　卧蟒翻身（一）

图 5-28　卧蟒翻身（二）

图 5-29　顺式掌（一）

图 5-30　顺式掌（二）

图 5-31　狮子揉球（一）

图 5-32　狮子揉球（二）

图 5-33　老虎张口（一）

图 5-34　老虎张口（二）

第 15 动　钻翻点踢腿

乙左拳向甲击来，甲上钻其拳前翻其臂，用右腿点踢其腹，然后左旋转走，乙右拳击来，甲上钻其拳前翻其臂，用左腿点踢其腹，然后右旋转走，循环往来，至坎（离）卦方位，甲乙二人同时穿掌转身换手。

第 16 动　收势

左转身转走至起势位置，甲乙二人缓缓站立，双掌下按至身体两侧，身体立起，两臂松放自然，掌心向后，两眼平视前方，身法中正，气势端庄，精神饱满，呼吸自然。

宋派八卦散手

八卦散手又称八卦拆招，不拘形式，自由搏击，见招拆招，应手而上，攻中守，守中攻，见缝插针，一发即至，眼到手到身法到，一枝动百枝随，周身一体，节节贯通，上下相随，精神贯注，形神合一，桩步沉稳，松腰坐胯，两臂有撑劲，两掌有挑劲、滚劲、翻劲、拧劲、推劲、按劲、裹劲、螺旋劲。瞬间而出，发有爆发力、震弹力、抖擞力。遇敌不慌，临危不惧，逢强智取，遇弱隐攻，起于如风，落掌似箭，打倒还嫌慢，闪即进，进即闪，脚踏中门横竖找，避实击虚转回圈，左旋右闪回身攻，闪转腾挪斜中取，膝顶指点足下封，远腿近肘贴身靠。八卦散手招法深蕴八卦掌法之中，学好练好八卦掌，是八卦散手的坚实基础，遇敌必克，逢敌寓攻，制胜之道，在乎技精，一拳之奇，一掌之妙，熟能生巧，久能通神，功夫无多精而至，非精通不能神化。凡百工杂艺，贵在专精，非亲身造诣者不知其艰辛，然用功之久，其力非常人所能知。

八卦之功夫在于求正、求真、求实，要想求真功夫，就必须一步一个脚印地力行不懈。所难者，天长地久地持之以恒，用心体悟，自强不息，才能达到浑然天成，非道中人不知其浅深，能入八卦之门，自会深求，即所谓从真参实悟而来，日积月累，功到自然成。功夫上身，谓之一招可用，则千招可用，否则一招不可用则千招不可用，悟到深处理自明。

初学八卦掌，要从稳中求快，不要散乱。唯稳之劲不易得，出劲不稳者，其劲漂浮无力而两足无根，出招易受制于人，强硬而易折，不能入八卦技击之门也。能得稳劲，其劲坚实有力，慢中求快，稳中取巧，唯稳而后能快，然后无巧不生，随刚柔变化致用不难也。八卦技法在动中自己处处稳定重心，重心稳定平衡自然能灵活。沉稳者，意在精神，不在外面。唯独心地平静而后才能精明。功劲不能致用，其弊在不知灵活之妙用，不活则滞则呆，不足以击人、拿人、发人。能灵活则善变化，出手心娴而手敏，然后无巧不生。多练多悟，日久功深，自能应用自如，得心应手，得八卦技击之道。

八卦招法贵在精，与彼对垒，先观看地形、方位、正隅、前后左右、东西南北中，要顾往三前盼在七星。内固精神，左顾右盼，无所不及，胸有成竹，居安思危，要心中有数，而不能顾此失彼。要一身轻松，主宰中定，才能一呼百应，节节贯串。要抱六合勿散乱，身体有蓄而发，无含蓄之劲则无发放之力。採在梢，截在根，胯打走，肩打撞，套腿绊足进步封，腰沉膝扣掌要塌，连环腿瞬间出，阴阳手上下翻。

掌法

八卦明掌有：单换掌、双换掌、穿掌、挑掌、回身掌、翻身掌、转身掌、螺旋掌。

单换掌、双换掌即单手操和双手操，搭手即左旋右转，随机而动，舍己从人，左右换手，出其不意而攻之，见缝插针而取之。彼实我虚，彼攻我化，彼进我转，彼取我闪，闪即进，化即击，在转换中取胜。

穿掌有向上向前之劲力，腰劲、蹬劲、穿劲三劲齐发方能奏效。

挑掌有上架之劲力和翻掌之力，运用得当，稍纵即逝，挑翻之力相连不断，断则为人所乘，不足以击人。

回身掌、翻身掌、转身掌顺势而入，闪身而发，其用在腰，发力在掌。

螺旋掌弧形而出，螺旋而进，进则转，转则化，化则入，无孔不入。

八卦暗掌有：扑面掌、锁喉掌、蛇信掌、麒麟吐书掌、沉掌、推掌、托掌、搬掌、扣掌、劈掌、崩掌、抖掌、弹掌、狮子滚掌、虎吞掌、双封掌、琵琶掌、阴阳掌、双靠掌。

扑面掌，又称捯掌，出手直击彼面。

锁喉掌，奔哽嗓咽喉。

蛇信掌、麒麟吐书掌，出手发力在中食二指，有掌不如指之称，锁喉拿顶闭穴。

沉掌、推掌、托掌、搬掌、扣掌，均要沉腰坐胯，两足发力运至腰脊，其力才能雄厚沉稳，攻坚克垒，奇正相生。

劈掌，有前推上攻下按之劲。

崩掌、抖掌、弹掌，为全身弹力，瞬间爆发，一呼即出，无坚不摧，如排山倒海之势，气吞山河之雄。

狮子滚掌、虎吞掌，逢迎接招之间能进之则击，退之则化，化之则发，虚实转换，随曲就伸，千变万化，无穷无尽。

双封掌、琵琶掌、阴阳掌为八卦拿法，拿之则击，擒之则发。

双靠掌为八卦击法，靠者有强烈的震弹力，肩击胯打贴身靠。沾、贴、黏、封、靠出击。

腿法

八卦明腿内含追风五腿，即点、踢、蹬、踹、踩。

点：劲力集中于一点或某一部位，准确无误地点到力发，使彼立仆，劲力在脚尖。

踢：引进落空，得机得势之踢法，由下而上，劲力在脚背，用时刻不容缓，抬腿便踢，取其便利灵活快速而用之。

蹬：为勇力，劲力在脚跟，发力在脚运于腰，变化在脚尖，妙在应机善变。

踹：为横劲，踹力在脚跟，尚其猛力，踹力如弹簧，用在神速，一发即回。

踩：踩为直踩脚背与脚腕，出腿低而速，取低下不防，愈见手快者愈宜用之。

八卦暗腿，在百练一走的左旋右转中，变化出十六腿法，称之为八卦暗腿，包括扁踩、侧踹、寸腿、套腿、封腿、扣膝拌腿、关腿、插腿、进腿、撤腿、踩腿、跺腿、靠腿、横腿、连环腿、鸳鸯腿。

扁踩：足扁而出，中在人之膝盖或仰面骨上，出腿快捷轻巧，愈见手密者愈宜用之。

侧踹：转腰侧动，足扁而出为横劲，尚其刚烈，需在手臂掩护周密而用之。

寸腿：取其轻巧灵动，在彼方重心失衡或败退取之，所谓神不知鬼不觉，恍若轻风快似箭，手脚齐到，疾中快。

套腿：套彼腿足，向上向前施力。

封腿：封彼双腿，横向发力。

扣膝拌腿：用膝扣击彼腿，或前或后，上下用力，可使其立仆。

关腿：向彼上步，关其双腿，使其无退路，双臂发力而用之。

插腿：下进步插裆，上肩击肘靠。

进腿：在单换掌或双换掌中，闪身进步即可用封变靠，虚实变化而用之。

撤腿：在彼进攻上步之时，撤步时运用腿膝借力用招，牵动往来，我顺人背。

踩腿：发沉劲，抬脚即踩，出腿疾速，不问虚实，遇力大尚猛者以致效能。

跺腿：横劲而出，威力极大，遇强手而用之。

靠腿：进步发招，或前或后均可用靠，全身抖弹力而用之，沉肩坠肘以发之，即可奏效。

横腿：上手中腰下足，三节齐到而用之，横劲而出，称之为横腿。

连环腿：左腿出右腿跟，连环不断，一环扣一环，可使彼防不胜防。

鸳鸯腿：一腿出二腿到，扣足转腰翻身抛。

八劲八翻

八劲：滚劲加钻劲，争劲加裹劲，抖劲加崩劲，按劲加弹劲。

八卦劲为弹性刚之劲，是爆发劲的基础，练不出弹性刚之劲，就发不出无坚不摧的爆发力，这种劲也称浑元劲，即周身浑元一体，稍触即发，说有即有，说无即无，为上乘功劲，非一般学者所能为。

八翻：回身、转身、翻身、揉球、翻捶、滚身、翻肘、连环。

八翻讲究的是腰腿之劲，上下九节劲，腰是总枢纽，贯通一体，梢节动，中节随，根节催。力起于足蹬于腿，主于腰运之两膊，达之于臂形如手指，拧旋翻转，滚钻争裹，连环纵横，燕翻龟缩。

八卦擒拿

八卦擒拿来自八卦功劲，需具备深厚的功力造诣，才能拿之有效，用之得心应手。

八卦拿法有拿头、拿颈、拿颏……拿足；里圈手、外圈手、正剪手、侧剪手、拌腿拿喉、插腿拿胸、反臂拿颈、里扳金、外扳金、採臂拿头、顶膝拿喉、拿腕别臂、捯手扳指、插腿锁胸、锁臂跪膝、泰山压顶。

拿法主要是拿骨（反关节）、拿筋（控制关节韧带）、拿穴（使血脉不流通），人身各个关节要害部位均可施用拿法，但有拿就有解，谁技高一筹，谁就胜券在握。在技击散打中，可先拿后发，也可在转化彼力时施用拿法，随处可用，用之得当，能对彼造成极大威胁。

拿头法：右手拿彼太阳穴，左手拿其下颏，同时进左足套封其腿，运用指力，松腰坐胯，可使其仆倒。

拿颈法：进左足下套彼腿，上右手上拿彼颈，同时左手拿彼腰，上下合力，可使彼倒地。

拿背法：彼右手向我击来，我右手扣其右手向侧下领，同时出左手拿其后背，双手沉力，可将其扑倒。

拿肩法：右手点其左肩，左手拿其腰眼，两手合力，可使其立仆。

拿臂法：彼向我击来，我左手翻卷其臂腕，同时右手擒拿其臂，两手合力，彼必仆倒。

拿肘法：彼右手向我击来，我右手翻滚其腕，上扶其手，左手拿其肘，两手合力，使其趴地。

拿胸法：彼右手向我击来，我左手内旋拧其臂，同时进左足封靠其腿，右手上拿其胸，上下合力可将其击倒。

拿腕法：彼右手拿我右腕，我右腕先松后紧，内旋翻缠拿彼手腕，同时左手扶其肘，两手合力可使其倒地。

拿指法：彼伸手向我面部击来，我或左或右，手拿其指内旋下沉，可将其拿倒。

拿手法：彼伸手向我胸部抓来，我含胸拿其指，同时左手轻扶其肘，可使其倒地。

拿腰法：彼向我正面击来，或拳或腿，我进步拿腰，左右翻转，使其无法发力。

拿臀法：彼向我击来，我右手拿腰，左手拿其臀部，两手合力，可使其立仆。

拿胯法：彼右腿向我击来，我右手搬领其腿，左手进步拿胯，可使其倒地。

拿膝法：彼右腿向我击来，我右手拿其脚腕，左手拿其膝，两手合力，可使其仆跌。

拿足法：彼向我踢来，我一手拿其脚趾，一手拿其脚跟，两手拧翻下沉，可将其扑倒。

里圈手：两手在对方胸前撑开，左右翻滚，进可拿彼腰，上可拿彼头，下可拿其胯，退可拿其腿足。

外圈手：彼双手向我胸部击来，我两手在外圈扶其双肘，进可拿彼肩头，内旋翻捧可拿其双肘，随其往来，左右转换，乘机而取之。

侧剪手：彼向我踢来，我转腰侧身，用侧剪手将其擒拿而摔之。

拌腿拿喉：我进步套封其腿足，同时用手上封其喉，可使其立仆。

插腿拿胸：我进步插裆，同时伸手拿胸，可使其倒地。

反臂拿颈：彼左手向我击来，我右手拿其肘，左手拿其颈部，进右足上下合力，可将其扑倒。

里扳金：拿彼手内旋沉力。

外扳金：拿彼手外旋沉力。

採臂拿头：彼右手击来，我左于採其臂，同时进左足套封其腿，右手拿其头部，上下合力，可使其倒地。

顶膝拿喉：我进左足顶其后膝，同时右手拿喉，可使其立仆。

拿腕别臂：我右手拿彼腕内旋拧裹，同时左手别其臂，两手合力，可将其击倒。

捌手扳指：彼伸掌向我击来，我左手拿其拇指，右手拿其四指，两手内旋沉力，可使其下蹲趴地。

插腿锁胸：我进步插裆，左手拿其臀部，右手锁其胸部，可使其倒地。

锁臂跪膝：彼右手向我击来，我锁其臂上提其腕，左膝跪其膝弯处，可使其倒地。

泰山压顶：彼向我击来，或单手或双手，我两手向上，拿起头部左右太阳穴，同时双手合力拧旋，使其失去重心而跌倒。

散打技击施用拿法，要具备闪转腾挪的身法、灵活多变的步法，能在瞬间飘忽而至，疾上加疾，出手冷脆快，干净利落，唯干净而后能轻灵，唯轻灵而后能快速，出其不意，攻其不备，使人防不胜防，以八卦功雄厚的气势、勇武的神态，膝顶头撞，肘击肩靠，掌弹足踢胯打，七星为用，必须在动中求取机势，触敌发力变奇正，先发制人或后发先至。制胜之道要望彼之势，了解情况，准确无误，意敷彼身，彼不动我意动，彼微动我先动，彼先发我已至，处处占先，发敌之先发。上下动，中间攻；中间攻，上下合。浑元一体，周身一家，则能达到无处不化、无处不发，渐至随心所欲。

附录一　刘晚苍师承表

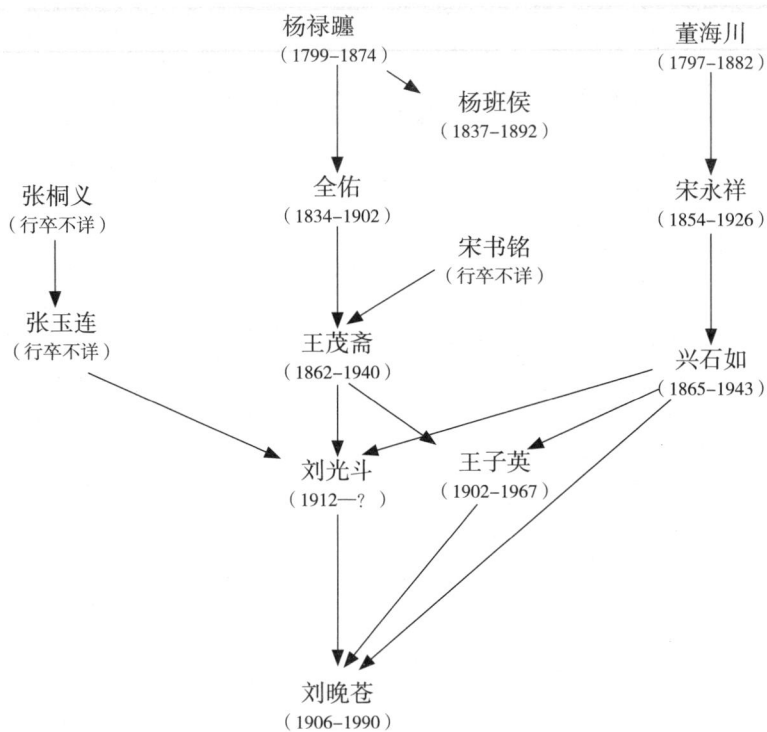

谭腿　　**太极拳**　　**八卦掌**

杨禄躔
（1799–1874）

杨班侯
（1837–1892）

董海川
（1797–1882）

张桐义
（行卒不详）

全佑
（1834–1902）

宋书铭
（行卒不详）

宋永祥
（1854–1926）

张玉连
（行卒不详）

王茂斋
（1862–1940）

兴石如
（1865–1943）

刘光斗
（1912—?）

王子英
（1902–1967）

刘晚苍
（1906–1990）

附录二　手抄功谱

【手抄老谱】

刘光斗遗稿

太極功精解

太極門精到的堂奧　　劉正剛

我並不精於太極拳術，我就不佩來作這個題目！況且論到太極門精到的堂奧也不許我來講話？

就是許我誇海，況且世上不知名的高人多着哩！但我十年來以來並未曾聽見那一位老師傅講

過這個題目！這個題目自然是不許我來講了！自然也有不用我來講一點就是太極的勁意

！人們那知道那是神妙，難剝了！諸位老前輩也殘有不是得着這一點總成名的！這一點勁意

為什麼神妙呢！雖然人們不得而知！或者當代高明諸位前輩並未曾具體的研究！讓我

講給讀者聽吧！並且我要神究前者所述的勁意是由變轉虛實講來的！

變轉譬喻轉則是可虛可實的！虛況、實況！譬喻伸出一手以虛勁可以空敵就是虛！以實勁可以擊

是實！怎樣就說虛！怎樣就說實！這點子活機開就是勁意！既其有標準！就不必言喻了！然而！擄

我所見莫非一分合就是牠的標準！並不問利害！無非由分中束合但以合救其分之為敵所乘！由合中求

分但以分濟其合之為力不足制敵！循環相求！可知勁意之妙就在其刃了！

譬喻！敵人擊我！我忽然由分而合或由合而分！雖然我微有移動但敵人按原意打來！不是打

不到就是過力了！沒有打到那自然不用說！若是打過了！雖然人拳腳可以到了我的身上但敵

人的勁並沒有打出來！仍然是沒有打到！這就有隙可乘了！雖然我不須乘他的空隙！但我

隨有變化！敵人就會敗的！

太極門的奧妙正在這裡！不可以忽視！雖然牠有自然的變化！惟獨最善於因應囿愚事的就是太

極門！這是自然的道理！能緻隨着敵人的鋒棱！在武術裡！不怕失去個人自己的個性！但我無處不可

隨順！就是我無身體之患心！無處可以傷我了！我為有蓄藏着的力量！焉知不可以擊人呢！這是

太極門的特長！這是國術裡專門的一家與家不同！

但我所見！尚不此此！凡精於此道的！能分出敵手中之裡外勁！他的妙處在橫着敵的外勁！隨

處可以拿敵人的裡勁！裡勁就是根！所以敵人沾着他的手裏有能站住腳的何況能勝他！這並不着因

循知什麼分合變化！那麼這又是怎樣一回事！

這也算不了什麼例外！也是由因循裡來的！就是譬言說！太極向來是柔中屬剛！這是

勁上着差別就是了！本算不了什麼！不過！這是細微！才見出神奇奧妙！偏是遍處都有用！

二

前者也不過如此！

另外我見解以為太極門是在虛裡討巧！自然！這是道家的傳授！挂着道門的色彩了！所以！

牠最不講固執！能夠像水一班繞好！水勢最陰！所以！他吧的陰擊也與道家的！鶯鳥特殊手藝（其

先伏！聖人將動必有愚色見解完全一致！雖然牠的目的在於獨善其身！也無害於人！

太極門並不怕堅強的敵人！因為！身二的勁！在技擊上不能有過重！就是說用一個式出手打人同

時自己亦有能防護住了自己力量！所以把不怕力氣大的！武藝高的！我聽說楊班侯（的太極拳練的最高）

也沒有長着三頭六臂呢！（而就是鍛練而巳）本文說的太曜嗦了！不仅前輩說的禹一啊！

太極門堂奧的貧難　　劉玉剛

我把太極門的工夫輕夕地說了！我是打算抖㩮而聲的！況且我說的的工夫！既莫有罵人也莫有胡

說！我不招災惹禍！不過把這點國術的貢獻送給同胞四海兄弟強是國破家亡賣給外國人也呢！

雖然！我所講的處夕都有重要之點！但可以說大處都說得齊全。還有細密的地方！當另有文章發

表他！然而！那也不甚需要。因為入門引路須口授工夫。無息法自修。要能入門自會深求的！只

如果尚有人以為我說的不齊全！我講問您！怎樣就可以仰之則彌深！進之則愈長！退之則愈促！劉玉剛

若要應酬！怎樣縄能俯仰進退都隨心如意呢！前篇所說的也不過這個！可不要小看了這個題目！

我作這篇後的貧難！不是指別人的貧難！因為別人與我同胞着涼於世的的！是旁會實貧難龙的！也所當貧難的

是輓近拳術成了國家的利器，是否能讓人人會的，也得看人們的機緣如何，不敢遽斷，雖然可以自衛，可以

防身，但恐怕是不容易易得的，得着自覺，未得看之人勉勵着也。

太極功功精解

劉光斗

太極門內功的根本在太極拳裡，自然，我是要來講太極拳了，但我決不畫圖作說來講太極拳的式子，

太極拳的式子有孫祿堂先生的太極式工拳學子講的很好，雖然他與此地楊派所傳不同，別為外詳禹先生著

的十三勢圖解，倒是這派傳畫可以參考，並且，雖未著書而精於口授的老師傳多的很，須智探許一先生都是

由口授得來的，我們講的，在學會式子以後，怎樣用功的方法，我原示願意講這個難趣，雖然恐怕

在過些年也經有來講的，所以我天然的來譜，太極拳架子學，會了以後，只要學者用流水不儞的眼

見！時常去練！永不隔下！自然！檐水穿石的工夫也就出來了！雖然是熟能生巧！精戰通神！然而！的暗

是自然的道理！日子久了！工夫自然不可思議！但有須須注意的件事情！運動時候！手裡裡要穩況！

然後！以意運行！前後左右一齊而下！勁是斷非斷！手似連非連！即是不丢不頂！所以！說是無間然！

這是難得很了！玲瓏好像九由之珠！無處是不可以變化的！手裡的智靈勁好似潭深之月！差

毫厘都不是了！所以初學的人講不得這個！雖然過來的人是明白的！那麼！對初學的人應該怎樣呢！

須要告訴他！工夫練快了！是求不出工夫！須要越慢越好！越練得慢些！氣力越能長些了！下苦工夫的人串

常一趟架子一百多手練一點鐘！這也不能不知道吧！

練太極的人很注重涵養了！我們不必打趣他！說是弱如處女！其實處女要練得誠弱的到什麼樣

手呢！雖然！練習久了！性體非常的平靜！自然！在這一門裡！他自有平靜的須要！所以才練得如此！

就仿彿墨職在水裡放墨汁！保護他自己的身體一般！您想！用智而必操觸算的拳法！那得不是精明

而平靜的人呢！惟獨心地平靜然後才能精明！最把人們練得迷而後悟！才算是了結了這一面事！

工夫不到此種不能受用！心是發勁都是由含蓄裡來的！心非涵養定不下！勁非含蓄！然後得

不着那個手甲自然的真勁！真勁就是由心神專一發出的！所以含養得到！然後工夫總能受用

自然！得着這個勁！蠅蟲不能落！微加羽不能加！其神妙也就可想而知了！也不謹夕就像放箭樣

那麼利害！有說得好的！給這種勁叫搠弓！

工夫練得好了！自然！無處顧不得到了！這個自然更要有深一層的鍛鍊！把他得着的一點真勁！

按着架子，指點着，使他處夕都掃摩到了，比給他看，教他處夕都着挂上這點奧勁的意思在内、

這時學者才知道，自己所練的太極拳，描龍畫虎的樣子，處處都是玻有用的、

自然，他會精益求精，把自己所練出來處夕的鋒棱掩藏起來，雖然，他練得更圓活了，大概、

越是精於太極的人手裡更含渾，就是這個裡，他的手自然容易哄人，但他就會把人當作瞎子看

的，雖他自己並不用眼睛了、

會太極的人不難與外門人鬥氣，他只有勝人的奧妙，他雖不起人家講究力大，手快，手毒那些

說，他的手毒不毒，他可以自主，決不倚着手毒討便宜，他的手就是慢，但此得別快，因為

他懂得取勢妙，以別人快，也殘得用處了，就是人家講力氣，他最顯示起，真的，他聽着

勁！描龍畫……！畫虎的指畫了、人家就沒奈何他了！、

太極拳練到這裡就算是九尺竿頭、學者願驚再進一步須看自己的乃量、人家說太極門

沒有力量怎麼會打人呢？這話說出來！不算稀奇！因為外人不能懂得太極門致純剛的道理！

理！雖然！他沒有濁勁！外表純是柔弱！不過內裡純是堅剛！自然！人家若單知道他是柔弱！

怎能不吃他的虧呢！所拳不歎貞他！他決不至於暗算傷人！若是要貞他！一消他一拳手就可以傷人！

他用不着暗算！但是！他也不怕暗算！他有這樣的拳德！還有那些碌々之輩！外表本示虽

強健！但沒有得着這點子內勁！就可以同日而語嗎！

內功要言

劉光鬥

太極功最益於養身！那麼！他養身方法何所從來，太極門最以精的道理就是陰陽生剋！譬喻

人身有動靜二脈！因為遇動傷陽過靜傷陰！然而！陰極陽生！陽極陰伏！但能造寸其過使之極！

即能有濟！雖偏陰！偏陽在人身皆是病！而能藉其病養身！其理安在！就譬喻尚王治水一樣！

使水之大者！入海！小者入江河！但不用提防！就是這個了！

這理應該注意的一點！不管是偏於陽！也不管是偏於陰！都用一個方法！同樣的可以補救！

這樣的方法是什麼呢？就是面說的因勢利導！就是以靜化動！以動運靜的趣旨！陰陽的假理！處夕

可以推着用！所以！人們聽得陽陰兩個字也都煩了！其實不過醫家有仔細的研究！但是也

與拳術的理不合！太極拳就是動靜相生的情形！就是由以靜化動！以動運靜相生來的！雖然

不能說是絕對的靜，或者是絕對動！然而！若不知盈虛消長的消息，就難如其實了！

六

太極功精解終

變 化 無 窮

武八卦妙想千挪

文八卦瑞氣千條

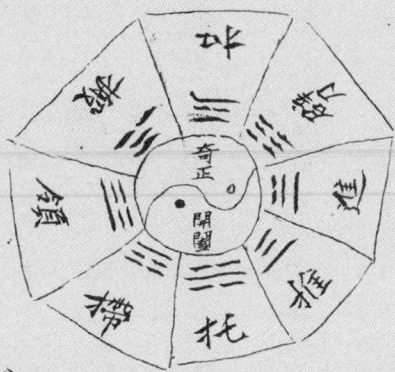

八卦功妙藝譜 宋龙興福卿傳授劉光彪重訂

此八卦功一名董仙拳自咸豐六年傳自而今

董海川祖師京東文安縣朱家塢人氏無極生太極太極生兩儀生四象四象

生卦八卦無朕兆。老八手之名 第一手撺掌又名望斗式又名指天畫地

第二式回身捶 第三式排手三穿 第四式轉身掌 第五式回身掌

第剑星拗步 第七式四龍取水 第八式卧蠍翻身 後四手之名 第一

式順式掌 第二式獅子撼球 第三式老虎大張口 第四式抽身掌臺

步為太極要在凝百事毋

闪门藝一手分手八六四手一手又分又分八手五百廿式手其式之形掌如蓮化步如楊柳龍蹲局生無斜龜蝠形似魏戴

閃躲趨避為罡聚手眼身腿步為五付腿手眼心細意六合

梅手為飛九宮變化神奇中通調息訶之午音遁高就低訶旦工整身如犬神手如浪披而與誘轟勁不回者此絕像手勁也

宋派壹擞掌更三不敎　步　李　不敎數淫溢是也

八卦槍燕屑刁攔均挂提攔撩刺神手嘆觀此己

八卦刀點釣剁剥旋劈刺頓剖

老八手之名

八卦功

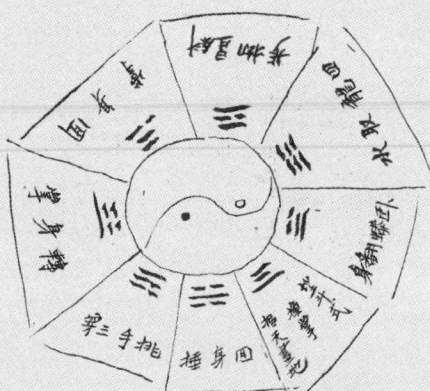

後順勢掌

獅子揉球

老虎大張口

手抽身擋手

四

八卦功指掌

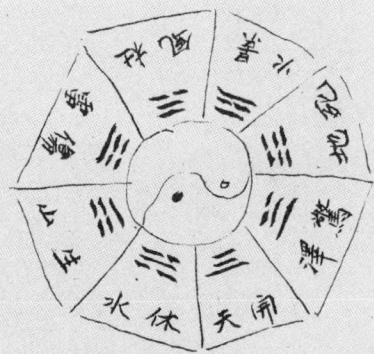

八卦功妙穴

八卦大丹功诀

二

此外尚有槍劍二譜

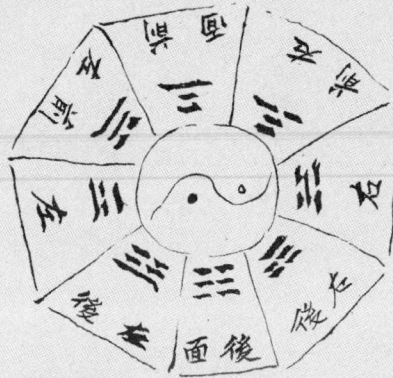

行功圖

劉光魁傳妙藝功箴言

贊曰天地之理物物牝牡之門太極之道陰陽而已聖人

觀象畫卦而察萬物之情于是焉列三才配五行而晚神

明明乎休咎方代大智隱僧行藏自在遊戲

天地大德曰生有德者生屏德者死此妙藝功曰董海川

傳三傳到至今窮理盡相稍於極微祝名之曰相門藝

我曰問門藝先師論闡極詳今則永挽衣鈸傳頦

箴故傳神踏明珠掌上玳應萬方規止傳神挼圖驥索摸範可得藉慰仙心以示不忘乃立規音三章干越鉊

於左

曰防身天地間一草一木俱有情況人而無情不如草木故人不害我可示傷人苟謂虎不傷人人自可我

豈不為虎無傷人心人有畏虎慮耶存公去私客見天地之情以德川暴天地以瀟颯之為心自善其身

不彼惡果其與我間哉

曰保身　明哲保身亦有所本乎觀夫萬物各善其生人而獨不可乎還虛拘模舌有時明訓却病延年

元自仙傳道按陰陽無極伊始太極判生乃出八卦而四相於是定位化成二十四氣週流于天地之表

出入於太虛之間消息於五行之變化權度三才萬物之機故晦朔寒暑晝夜生死扣算移度何必假鬼神

手我一念一息操之且如月色百花耶情耶熟解語耶而流水花開流耶苞耶孰解帝耶行善明明情

理奪參奪之星移斗轉今合天地故判理定情而通形相之變化齐曰相門出諸智用之無涯花開見性是真自

在受用明明 不朽養生故斯乎

曰衣鉢 自僧董海川于皖迷萬華山夢遇二童子既悟上山面壁三年忽遇聖僧僅得一覩而藝

遂成三傳至今衣鉢未絕絕名揚海嶠幾過行雲光魁不敏謹作尺諜用傳不朽用拈一偈曰

清風作伴　明月為家　以筆帶耕　眠雲立雪　鉄笛無人吹　白雲無人掃　冷笑兩三聲　看空山秋月

八卦圖解終、

武術集宗

劉晚蒼

王宗岳談太極拳 一名長拳一名十三式

太極者。無極而生。陰陽之母也。動之則分。靜之則合。無過
不及。隨曲就伸人剛我柔謂之走。我順人背謂之粘。動
急則急應。動緩則緩隨。雖變化萬端。而理為一貫曲
著熟而漸悟。識勁而漸神然。非用力之久不能豁然
貫通焉。虛領頂勁。氣沈丹田不偏不倚。忽隱或
見。左重而右虛右重則左去。仰之則彌高。俯之則彌深
進之則愈長。退之則愈促。一羽不能加。一蠅不能落人不

知我。之獨知人。英雄所向無敵。蓋由此而及也。斯技旁

甚多。雖有區別概不外乎強欺壯。欺弱耳。至有

力打無力。手快勝手慢。皆先天自然之理也。然察四

兩撥千斤之句顯非力勝。觀耄耋能禦群眾之功快

復奚益益必立如平準。活似車輪。偏沉則隨。雙重則

滯。每見數年純功不能運化者。率皆己為人制。

未悟雙重之病耳。欲避此病。須知陰陽。粘即是

走。即是粘。陽不離陰。陰不離陽。陽相濟方為

懂勁。懂勁後。愈練愈精默識揣摩。漸至從心所欲本是舍己從人乃多誤為舍近求遠。所謂差之毫厘謬之千里學者不可不詳焉此論句。要切並無一字敷衍。先師不肯妄傳也右係武當山張三峯老師遺論欲天下豪傑延年養生不徒作藝技之談也。

長拳者。如長江大海滔滔不絕也。十三執力者。乃掤搌擠按採挒肘告非此八卦也。進步。退步中定。

左顧右盼此五行也。合而言之曰十三勢也。掤攦

按即坎離震兌四方也。採挒肘靠即乾坤艮

巽四斜角也。進退顧盼定即金木水火也。

十三勢行心解

以心行氣務令沉著，乃能收歛入骨，以氣行

心身，務令順遂乃能便利從心精神能提

得起則無遲重之虞。（所謂頂头懸也）意氣

須換灵乃有圓活之趣。（所謂變轉虛實）

發勁沉著鬆靜。專注一方。立身須中正安舒。
支撐八面。行氣如九曲珠。無微不利（氣徧週身
之謂）運勁如百鍊鋼。何堅不摧。形如搏兔之
鵠。神如捕鼠之貓。靜如山岳。動是似江河。蓄勁
如開弓。發勁如放箭。曲中求直蓄而後發。力
由脊發。步隨身換。收即是放。斷而復連。往復須
有摺叠。進退須有轉換。極柔軟而後極堅硬。能
呼吸然後能靈活。氣以直養而無害。勁以曲蓄而

有餘心為令氣為旗腰為纛先求开展後求緊湊乃可臻於縝密矣又曰先在心後在身腹鬆氣歛神舒體靜刻刻在心切記一動无有不動一靜无有不靜內固精神外示安逸邁步如貓行運動如抽絲全身意在蓄神不在動氣有氣者无力无氣者純剛氣如車輪腰如車軸

又曰彼不動己不動己不動彼不微動彼微動

已先勁。似鬆非鬆。將展未展勁斷意不斷。

十三勢歌

十三總勢莫輕識。命意源头在腰隙。變換虛實須留意。氣偏身軀不稍疑。靜中觸動。猶靜。因敵變化是神奇。勢。存心揆用意得来即在剎那時。刻。留心在腰間腹内鬆靜氣騰然尾閭正中神貫頂。滿身輕利頂夫懸。仔細留心向推求。屈伸開合聽

自由。八門引路須口授。用功無息法自休。若言体
用何為準意氣為君骨為臣詳推用意終
何在益壽延年不老春歌兮歌兮百四十字真
切亦無遺若不向此推求去枉費功夫噫嘆惜。

打手歌

掤攦擠按須認真上下相隨人難近任他巨
力來打咱牽動四兩撥千斤引進落空合即
出粘連黏隨不去身。

太極拳運動姿勢及名目次序

攬雀尾 先向左掤擠後向右掤擠按掤掛定外卦即籃箕式

提手上式 高捧手進步擠上提腕

摟膝拗步

摟膝拗步

摟膝拗步

進步搬欄捶

白鶴亮翅

十字單鞭

白鶴亮翅

手揮琵琶式

回抱琵琶式 與前式名稱雖異其式則同

手抱琵琶式

如封四閉

攬雀尾 回身左右摟膝拗步掤按掤擠按掤掛定

十字單鞭

肘底肴捶

十字單鞭

白鶴亮翅 攦番身扛肘

扇通背 捧攦手起攦托

卸步搬桐捶 撇身捶

攬雀尾 按攦棚橋攦挒棚 掛定 如封四閉

運手五次 十字單鞭

斜單鞭

抱虎归山

倒輦猴 三次或五次手由耳 仍統前伸

提手上式

海底針 摟膝指面将 手下指

高探馬

高探馬 先撲面高捧手

回身蹬腳

指襠捶

推展二起腳

左打虎式

右打虎式

進步挫捶

右分腳

左分腳

摟膝拗步

翻身撇身捶

海底撈月

披身蹬腳

蓋捶

雙風貫耳

棚分蹬腳

進步搬攔捶

懷中抱月

斜飛式

玉女穿梭 四角 卸步繯玉攦赶攦

攬雀尾 棚擠攦按棚掛定

運手 将劈

金鷄獨立

轉身蹬腳

如封四閉

攬雀尾 回身樓膝攦按棚擠攦按棚掛

野馬分鬃 三次

斜飛式

十字單鞭

斜單鞭 下勢

倒輦猴 手由耳後推出

白鶴亮翅　提手上式

扇通背　海底針

攬雀尾 掤掛定　進步川梁擠攦按　上步搬搁捶

運手　十字單鞭

三掩肘　高探馬

彎弓射虎 進步搬攦　十字擺蓮

攬雀尾 掤掛定　進步搬攦按　進步栽捶

攬雀尾　十字單鞭　下勢

上步七星　　轉身擺蓮　　退步跨虎

攬雀尾 進步搦攦按掤 彎弓射雁

掛足

摟膝拗步　　　　　　十字單鞭

閃步搬攔捶　　　　向右掤擠

合太極　　　　　　如封四閉

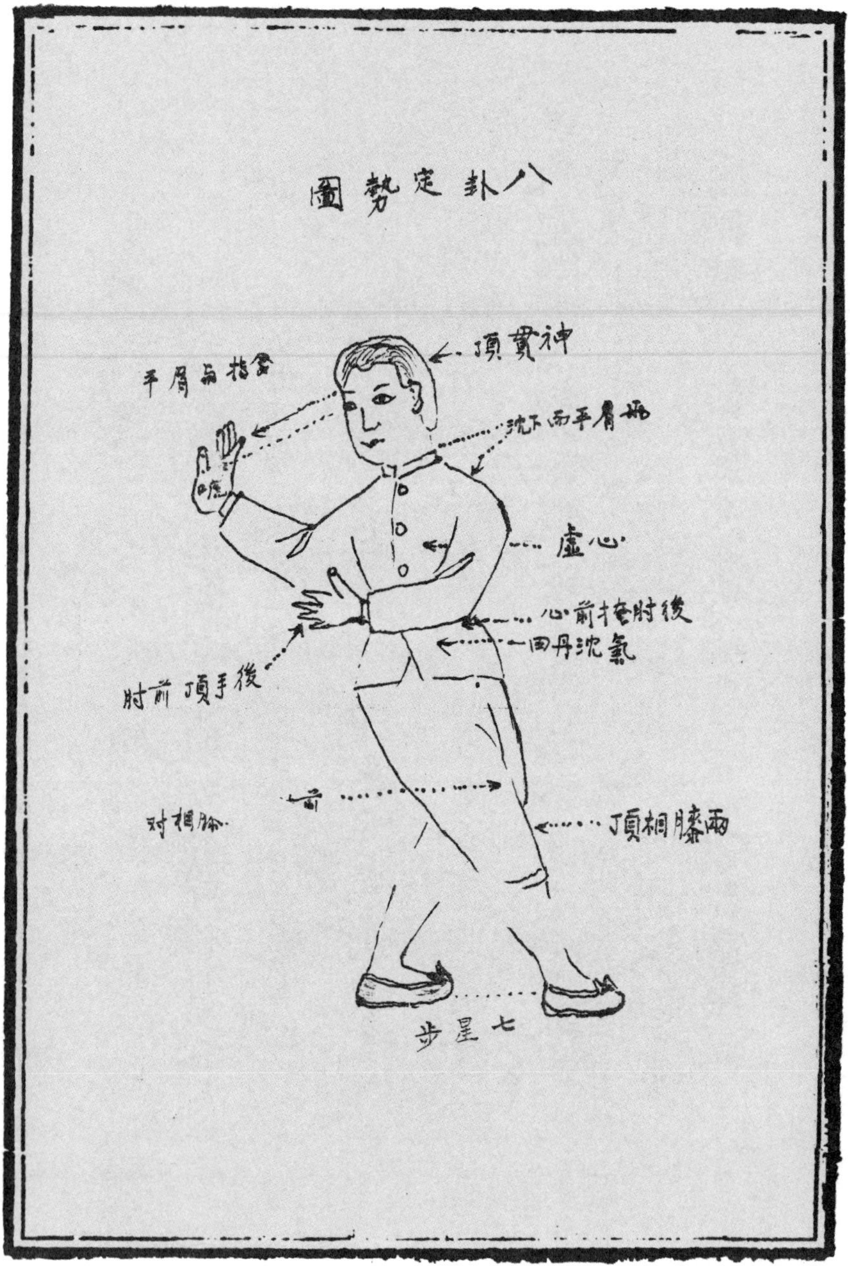
八卦定勢圖
神貫頂
食指與眉平
兩肩平而下沈
心虛
後肘掩前心
氣沈丹田
後手頂前肘
兩膝相頂
膝相对
七星步

八卦轉掌口訣

定勢半魚步七星　氣沉丹田神貫頂

兩臀下溜穀道提　二目注視虎中口

心虛腹實舌上捲　叩齒呼吸換液津

沉肩隨氣肘向內合　前手食指與肩平

拳術也。而以八卦轉掌名之。以其多用掌故也。

八卦則按周天之術。衍之易也。曰。近取諸身。

遠取諸物。乾為天。屬聰門坎為水屬丹田。

艮為山。屬頸項。震為雷。屬舌。兌為澤。屬兩肩。

巽為風。屬兩足。離為火。屬心。乾坎艮巽離兌即

聰門丹田頸項兩足心腹兩肩是也。此六霄並

無錯亂偏斜之處。雷以震之。坤以成之。六合之像

備矣。外六合既備。內六合自然堅固。內外交至乃能發

生活潑之精神。何謂內六合。眼與心合心與氣合氣

與血合血與肉合肉與筋合筋與骨合也。內外六

合齊備。而坤象成。坤地也。土地也。萬物生焉生

不已。變化無窮。神而明之。則存乎其人矣。

八卦轉掌運動法

凡一舉動。先將架式定準。務令六合齊整。無使錯亂。氣沉丹田。神貫頂。初起運動。切勿用力。須求開展。順其步法。導其氣脈通流轉換。無遲滯之處。使其氣力自生。按法走轉。陰陽要明。剛柔相濟。由上盤轉換自由。稍下矮勢。走中盤。走至開合伸自由極吳活之時。

再走下盤。邁步如貓行鹿伏之勢乃入臻妙之境。此

謂上中下之盤。天地人三才之象也。若運用此功志不

堅定不能得其完整斷難領會其中奧妙走

如風站如釘轉換掂扣要分明。腰為纛氣為旗。

眼觀六路。手足先鋒欲求此功之本源須先於腰腿求

之使上中下三傳貫串一氣發行四梢何為四梢髮為

血梢。舌為肉梢。牙為骨梢甲為筋梢。四梢通則無遲

滯之虞。愈熟愈精。則心有所得而力自生矣。

口訣

八卦掌 走為先 收即放 去即還

變化虛實步中參 行如龍 坐如虎

動似江河靜為山 陰陽手 上下翻

沉肩墜肘歸丹田 抱六合 勿散亂

氣遍身軀得自然 斜扣步 要仔細

進退轉還在腰際 手打三 步打七

手足齊發莫遲滯 跨打走 肩打撞

委身背靠暗打膝　高不攬　底不攔

迎風接　最為先　採在稍　截在根

進時必須　要三停

又曰十三腿

點截踩蹬盤彈蹬編擺撞絆掛掃

出腿不見腿　　腿出半邊空

使腿不過膝　　護法要相宜

總而言之身體要灵活。腿腳要敏捷。用法要

詳細。著有成法。用之得當可傳無虞矣。

歌曰

推托代領須認真　搬扣刁鑽用法精

任他勇力來打我　仙人換影轉身攻

又曰

未曾出手觀虛實　剛柔相濟莫遲滯

龍行虎坐蛇龜燕　五行之妙要留意

龍献爪　虎扒心　蛇分草　猴扒杆

燕抄水